JN417890

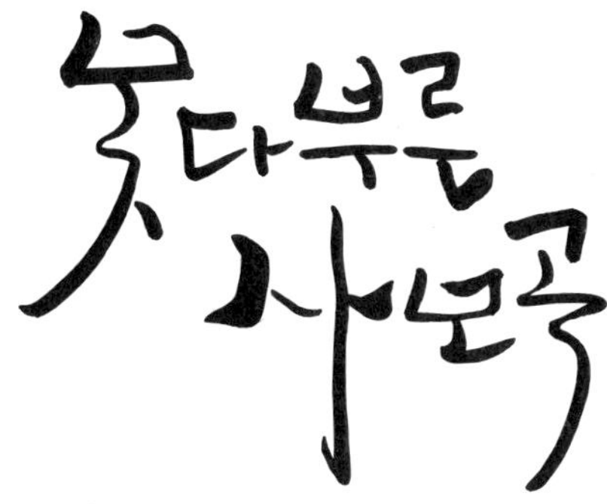

글 김영교 外

홍익
출판

어머니, 그 위대한 이름 앞에

김 영 교

모름지기 오랜 날 '우리들의 소중한 삶에 있어 누군가를 만난다는 것은 운명적이라.'고 가늠하여 왔습니다. 까닭에 『못다 부른 사모곡』의 출간에 앞서 저자의 머리글自序인 「어머니, 그 위대한 이름 앞에」서 '축복한 상관성'을 떠올리며 인연이 맺어진 저의 친인척들을 포함한 소중한 문인과 지기知己에게 필히 감사의 인사를 올립니다.

그 같은 맥락에서 잠시 조용히 눈을 감고 생각합니다. 새벽별 되어 떠나신 어머니 보내드리고, 겨울 덤불처럼 마른 감정을 추스려 보려고, 날마다 어머니께 편지를 씁니다. 그리고 나목 한 그루 바람 한 줄기가 어머니처럼 저에게 머물다 가기 위해서 냇가의 돌들을 지겟짐으로 올려서 사모의, 보고 싶은, 회한의 돌탑을 쌓아 〈어머니의 길〉을 만드는데 수년에 이르렀습니다.

새벽마다 어머니께 올리던 수천 편의 편지를 간추려서 한 권의 책으로 묶었으니, 새 성전 건립기금 마련의 '사랑의 씨앗'이 되었으면 합니다. 고마운 분들의 도움으로 저서 출간의 판매대금이 발생한다면 그 전액을 대관령성당 건축기금으로 봉헌할 것을 주님의 이름으로 약속합니다. 동참해 주셔서 든든한 주춧돌 역할 해주시기를 간절히 기도드립니다.

네가 이타카로 가는 길을 나설 때 기도하라. 그 길이 모험과 배움으로 가득한 오랜 여정이 되기를 현자들에게 배우고 또 배우라. 언제나 이타카를 마음에 두라. 네 목표는 그곳에 이르는 것이니 그러나 서두르지는 마라. 비록 네 갈 길이 오래더라도 늙어져서 그 섬에 이르는 것이 더 나으니 길위에서 너는 이미 풍요로워 졌으니 이타카가 너를 풍요롭게 해주길 기다리지 마라. 이타카는 너에게 아름다운 여행을 선사했고 이타카가 없었다면 네 여정은 시작되지도 않았으니. 이제 이타카는 너에게 줄것이 아무것도 없구나. 설령 그 땅이 불모지라 해도 이타카는 너를 속인적이 없고 길위에서 너는 현자가 되었으니 마침내 이타카의 가르침을 이해해리라. – 카바피의 서사시 「이타카로 가는 길」

새 성전 건립을 위한 희생과 봉사자가 되어, 트로이 전쟁에서 이긴 〈오디세우스〉가 역경을 뚫고 돌아간 고향 '이타카 가는 길'을 중심축으로 살고 현자에게 배우고 또 배우도록 하겠습니다.

조용히 지켜보며 항상 격려해주신 아버지, 그 이름 되뇌기만 해도 목이 잠기는 어머니 효주 아네스, 산목련 제 아내 최철순, 빛나게 제 자리를 지키는 주형, 주영 남매와 대관령을 소중히 보듬고 속 깊이 사랑하시는 모든 분께 이 책을 드립니다. 특히 10여 년 남짓 『못다 부른 사모곡』의 간행을 못내 우려하는 압박감이 가슴을 짓누른 암울한 현상에서 큰 도움을 준 엄창섭 교수님과 임병두 대표, 제정자 시인 그리고 김언경 홍익출판사 대표에게 깊은 감사의 마음을 전할 따름입니다.

2023년 성모님의 계절 오월에 올립니다.

이 모든 것 위해 사랑을 입으십시오

원 훈(갈리스도 대관령성당 주임신부)

"이 모든 것 위해 사랑을 입으십시오.
사랑은 완전하게 묶어주는 끈입니다"(콜로3,14)

사랑은 모든 것을 포용해주고 세월의 노고를 잊게 해주며
존재의 의미를 불러일으켜 줍니다.
사랑은 영원하기에 시간과 공간의 개념도 초월하는
깊은 뉘우침과 깨달음으로 우리를 인도해 줍니다.

주님의 사랑이 그러하고 가족의 사랑이 그러하며
이웃을 향한 사랑이 그러합니다.

김영교 프란치스코 형제님의 어머님께 향한 사랑도
존재의 의미를. 그 깊은 사랑을.
언제나 자식 바라기셨던
그 감사함을 알기에
더욱 사무치는 그리움으로 다가오리라 여겨집니다.

축하의 글

지난날을 회고하며 하루하루 일기처럼 써 내려간 시를
어머니께 봉헌하고자 출간한다는 소식에
어머니에 대한 깊은 효심마저 느껴집니다.

축하의 마음 담아 기도드리며
형제님의 깊은 효심이 많은 이들에게
가슴 따뜻한 온기로 퍼져 나가길 희망해봅니다.

축하드립니다.

하느님의 축복과 평화를 빕니다

존 케네디(성 베네딕도 대관령성당 前. 주임신부)

사랑하는 김영교 프란치스코 형제님,
최철순 글라라 자매님
하느님의 축복과 평화를 빕니다.

『못다 부른 사모곡』 간행에
따뜻한 마음을 담아서
많이 사랑하시는
대관령성당 새 성전 건립기금 마련을 위해
벽돌 한 장이라도 후원하고 싶은
간절함이 투영되있음을 압니다.

그 안에는 사랑하시는 가족들의 사랑
자매님의 기쁨과 슬픔
어려움과 행복
피와 땀

남에게 내 보일 수 없는 인간적인 고뇌와

웃음과 눈물도 고여 있는줄 알고 있습니다.

늘 하느님의 축복 함께 하시길 바랍니다.

대관령성당 건축 기도문

찬미 예수님!

하늘 아래 첫 동네!
백두대간 등뼈마루 중앙에 위치한 대관령성당!
'하느님 보시기에 참으로 아름다운 공동체'
'하느님 보시기에 아름다운 성당'을 만드는 것이
작은 시골 마을 교우들의 간절한 소망입니다.

저희 대관령성당은 1974년 선배 교우분들이
직접 벽돌을 찍어 공소를 세웠습니다.
1996년 본당 승격 후 공소 건물 외벽을 벽돌로 한 줄 더 쌓아
1998년 증축 봉헌을 하였습니다.

겉보기에는 시골 성당답게 작지만 예쁜 성당입니다.

그러나 겨울이면 덧옷을 아무리 겹쳐 입어도 추워서 기도를 할 수가 없습니다.
소낙비가 내리면 빗소리가 천정을 때려 강론 말씀을 들을 수도 없습니다.
지붕이 무너져 내리고 있어 폭설이 내리면 언제 주저앉을지도 모릅니다.
안전진단을 받아야 할 정도입니다.

저희는 시골의 작은 성당입니다.

그러나 전국의 교우분들이 내 성당처럼 즐겨 찾는 전국 성당입니다.

관광 성당입니다.

올림픽 공원을 광장으로 쓰고 있는 올림픽 성당입니다.

외국인들도 자주 찾고 있는 글로벌 성당입니다.

천혜의 아름다운 환경을 갖추고 있는 하느님 터에

하느님 보시기에 합당한 작지만 예쁜 성당을 짓고 싶습니다.

여러분 모든 분들의 성전을 건축하고 싶습니다.

우리의 아들들이, 그 아들의 아들들이

가족들 손잡고 하느님의 은총에 감사드리며

행복한 기도를 드릴 수 있는 성전을 지어보겠습니다.

작은 시골 성당이라 많은 분들의 도움이 필요합니다.

벽돌 한 장이라도 올린다는 마음으로 정성과 화살기도 부탁드립니다.

– 대관령성당 교우 일동 –

케네디 신부님 송별사

김 영 교(사목회장, 프란치스코)

찬미 예수님!
지혜로우신 케네디 신부님께서 대관령성당을 떠나가신다니
참으로 안타까운 마음 금할 길 없습니다.
제가 누군가를 떠나보내면서 이토록 안타까이
기도해 본 적은 없었던 것 같습니다.

좋으신 케네디 신부님!
짧지만 신부님께서 대관령성당에 계시면서 너무나 힘들어
속울음 삼키시던 아픔을 잘 알고 있습니다.
문화와 생각이 다른 교우들을 이해하고 용서하고
좋은 문화를 확립하기 위해 얼마나 마음이 아프셨을지요?

식복사도 없이 밥은 제대로 해 드셨는지요?
빨래도 청소도 혼자서 해결하시며 얼마나 힘드셨는지요?
눈이 오면 밤을 새워 혼자서 눈을 치우시기도 하셨고
제대 봉사자가 없어 직접 제대를 차리시고
치우실 때는 죄송한 마음에 얼굴을 들지 못했습니다.

그러나 신부님께서는 흔들리지 않고 지혜롭게
모든 것을 스스로 해결해 나가셨습니다.

영적으로는 완벽한 모습을 보여주셨습니다.
대관령성당의 건전하고 투명한 경영의 좋은 구조,
시스템을 만들어 주셨습니다.
누구보다 친절하고 배려하시는 모습으로 큰 귀감이 되셨습니다.
아름다운 성당을 짓기 위한 기초를 놓아주셨습니다.

사랑하는 케네디 신부님!
정말 고생 많이 하셨습니다.
정말 감사드립니다.
이제 정들었던 대관령성당을 떠나시지만
저희들은 능력 있는 하느님의 일꾼으로 더 큰 곳으로
떠나시게 되어 영광으로 생각하고 있습니다.

저희 교우들은 케네디 신부님의 훌륭하신 뒷모습을 바라보면서
하느님 보시기에 아름다운 성당, 공동체를 꼭 만들어 가겠습니다.
케네디 신부님
사랑합니다.
안녕히 가십시오.

목 차

1부 푸른 바람의 언어

●● 2부 최첨순 화백의 감회感懷

– 오, 글로리아(gloria)! 빛의 정원(민화 도록)

3부 성당

4부 어버이의 길

●● 5부 어머니의 길

6부 작품 및 저서 평설

1부

푸른 바람의 언어

부모님, 헌정 공원 만들다

제 정 자(모니카, 눈마을도서관장, 시인)

부모님 손끝 발길 닿던 삶의 터
부모님 공원 만들어 대대손손 물려 주고 싶다.
흙을 받아 동산을 만들고
부모님 고향 돌 실어와 나무와 잔디를 심었고
온 가족이 헌시를 쓰고 서각을 하여 시심도 심었다.
어머니가 철쭉꽃 가꾸시며 오르내리시던 길
자작나무 심고 돌다리 놓고 돌계단 쌓아서
어머니의 길 닦았다.
집 앞 개울 돌 1262지게를 지겟짐 져 올려서
진눈깨비 몰아쳐도 비바람 맞으며
돌탑을 쌓고 쌓아 올렸다.

나지막하게 올린 돌담 위엔
바위솔과 담쟁이 이웃하고 물들어 간다.
부모님이 터 잡으시고
자연이 허락하여 이만큼의 풍경을 만들었으니,
아들, 딸 손주 녀석들
지치고 힘들 때 쉬어 갈 수 있도록
쉼터가 되기 바라는 맘으로
나뭇가지 끝마디에 노란 리본을 달아둔다.

돌탑 쌓는 시인
- 김영교 시인에게 부치다

제 정 자(모니카, 눈마을도서관장, 시인)

부모님 보은 탑 쌓기가
하늘에 올려지기를
하늘에서 내린 동아줄 '툭' 끊어지고
맘 둘 곳 몰라 돌탑을 쌓는 시인
못다 드린 글로도
눈물로 탑 올려지소서!
돌 울음소리로 밀려온 아버시의 정
오래도록 잊지 않으시고
눈부처에 새기소서.

林金鎭 언니 영전에 올리는 글

임 인 진(모친의 6촌 동생, 시인)

좀 더 깊은 마음으로 헤아렸더라면,
속정 깊은 언니의 心性 조금이라도 본받았더라면,
이토록 가슴 아픈 후회는 하지 않아도 될 것을!

살아있을 때 멀리 있다는 것, 바쁘다는 이유로
가끔씩 누굴 통해 안부만 전해 들었을 뿐,
그토록 병세가 위중한 줄도 모르고, 서울대학 병원에 온다니
'한번 만나 봐야지' 벼르기만 하다가, 그만 때를 놓치고
슬픈 소식 뒤늦게 들어, 마지막 가는 길에 고별인사도 못한
나의 不察 너무나도 부끄럽고 한스럽다오.

天賦的으로 타고난 언니의 心性은 착하디착하다 못해 하늘나라 천사
같았지요. 작은댁 수양정 우물가에서 그 특유의 고운 눈웃음으로
반겨주며 맛있는 먹을 것을 골고루 챙겨주던 언니,
누에를 쳐서 명주 짜는 일, 삼을 삼아 베 짜는 일, 까다롭고 힘든
일을 어른들 못지않게 잘 해내던 총명한 언니,
예의범절 엄격하시던 할머님과 자애롭고 정이 넘치시던 어머님의
가르침을 이어받은 곱디고운 언니,
그런 언니가 결혼하고 한겨울 벌판의 바람막이 나무처럼 숱한
역경을 헤쳐 나아가며 3남매를 훌륭한 인재로 길러 사회에
이바지하게 하였으니, 그런 소식 들을 때마다 맘속으로 얼마나 기쁘고
자랑스러웠는지 모른다오.

한결같은 언니의 犧牲的 삶이 자녀들의 가슴을 울리다 못해, 이제 눈물 어린 呼訴의 思母曲 〈세상에서 가장 따뜻한 이름〉을 펴내어 사람들 놀라게 한 것, 언니도 알고 있겠지요. 언니는 세상에서 가장 아름답고 보람 있는 삶의 길을 스스로 마련한 것이라오.

곧고 바르게 지녀온 언니의 孤高한 품성을 자녀들은 체면을 앞세우고 중요시한 분이라 표현했습니다. 구절마다 갈피마다 간절한 思慕의 정은 가슴이 미어지는 듯도 하고, 따뜻해지는 듯했다오.
요즘처럼 바쁘게 돌아가는 세상에 그토록 갸륵한 효자, 효녀가 어디에 또 몇이나 있을까 싶소. 위대한 모성의 본보기를 보여주고, 자식들 가슴에 아름다운 사랑 심어주고 떠난 언니,
임금진 여사! 이제 당신은 세상에서 둘도 없이 가장 행복한 어머니, 天上의 나라 그곳에서 모든 근심 걱정 활활 털어버리고 영원한 자유 누리며 편히 쉬소서.

(辛卯年 正初에)

아까운 분을 잃었습니다

김 수 형(모친의 손자)

힘겹게 투병 생활을 이어 가시던 어머님이 내 곁을 지난주에 떠나셨습니다. 여러분의 위로와 조위 속에 무사히 장례를 성대하게 치렀습니다. 아래의 글은 아들의 홈피에 올린 할머니에 대한 글인데 제 맘을 많이 울립니다. 태어나서 이토록 많이 울어본 적이 또 있었는가 싶습니다.

\- 김인교 -

할머니 가시는 길에 동행해서 잘 보살펴 드리고자 노력했습니다.
문득 생각이 나서 컴퓨터를 잘 찾아보니…… 다행히 사진은 남아있었습니다.

꽤 오래전이었습니다. 간만에 서울에 오셔서 한강 유람선 타러 갔던 날이었습니다. 서울에서만 경험할 수 있는 문화에 전혀 신기해하거나 즐거워하지 않으셨습니다.
이날 표정은 아들, 손자, 며느리와 함께라면 뭐라도 좋다는 표정이셨습니다. 유람선 따위는 관심도 없으셨습니다. 조금만 더… 많이도 안 바라고 2~3년만 더 사셨어도 좋았을 것을, 안타깝습니다.

바보스러워 보이기까지 할 정도로, 남에게 가진 돈 모두 털어서 베푸시던 우리 할머니.

정말 고생 많으셨습니다. 그동안 겪었을 마음고생, 제가 알고 있는 것은 빙산의 일각이라 생각됩니다.

부디 행복하세요…… 그리고 사랑합니다.

웃음소리

김 주 영(실비아, 모친의 손녀)

별빛 내려앉은
숲길 걷는다.

어둠 속에서도
영명하게 빛나는 웃음이
발길을 이끈다.

'섬마을 선생님' 그 노랫가락에 걸린
소녀의 웃음이
새참 바구니 이고 가는
아낙 얼굴에 번지는 조바심 웃음.

보랏빛 감자꽃 송이마다에 맺힌
고단한 웃음이
계란찜 한 숟갈에 얹히던
자애의 웃음이

탕수육 한점에 담기던
그리움이 웃음이

산길 걷다가
숲을 이루어 나를 반기는
그 웃음소리가
나를 멈추게 한다.

할머니 못내 그리운 밤이다.

어머니의 교훈

엄 창 섭(김동명학회 회장, 시인)

지혜로운 조선朝鮮의 어머니는
목숨처럼 소중한 아이가 입을 열어
말을 배우기 시작하면 맨 먼저
겨레의 혼인 한글을 깨우치게 하고
신라 천년의 고도古都 서라벌과
5천 년 역사의 맥이 굽이치는 한강漢江이
조국의 큰 강임을 가르친다.

지순한 이 땅의 어머니는
사랑하는 아이가 자라
혈육血肉의 의미를 깨닫게 될 때면
대한민국이 한반도의 이름이며
태극기는 겨레의 표징이라는 것과
동해 물과 백두산이로 시작되는 애국가를
목이 쉬도록 가르친다.

한순간 모든 것이 무너져 내린
조국의 참담한 현상 앞에서
피 멍든 손으로 영혼의 닻줄 당기는
어머니, 당신의 이름을 나직하게 불러도
억장은 내려앉고
뜨거운 눈물이 울컥 솟아난다.

‘아들아 좌절하지 말고 다시 일어나
환상을 보라’며 저토록 비통 속에서
세기의 강물을 깨우시는 눈부신 음성
무한의 자유 공간을 향해
하얗게 비상을 시도하는 갈매기
불끈 치솟는 장엄한 태양
건강한 이 땅의 아침은 밝아오고.

어머니의 길을 위해

채 수 영(한국비평가협회 회장, 시인)

아수라도阿修羅道 살아가는
가슴 아픈 길이 이어지는 세상에서
포근으로 다가와 자리를 편
그 이름만 불러도 침샘 가득 고이는
넉넉함이 출렁이는 달빛입니다.

눈물길이 이어지고 휘어져 살아가는
걸음마다 따라오는 신음조차도
녹아 흐르는 강물처럼 윤나는 손짓
부르는 이유만으로도 깃발이 되는
언제나 가슴 속에서 사는 눈짓입니다.

누구든 사랑이라 말합니다. 그러나
목마름을 절대로 건네주지 않으려
심산유곡에서도 가장 깨끗한 물길로
흐르고 흘러 따스함이 넘칠 때까지
피와 살 당신의 모든 것, 사랑뿐입니다.

마음 놓고 불러도 어딘가 부족하여
다시 부르는 목소리가 잦아들 때까지
환한 미소에 담겨진 사랑 중에서도
가장 고귀한 사랑의 언덕을 오르노라면
그리움이 다가와 등을 두드리는 어머니
그 이름, 오로지 당신의 이름입니다.

(2016. 6. 2)

어머니

김 태 환(꼰라도, 농협중앙회 축산경제 대표)

좀 더 잘해 드려야겠다
늘 마음뿐이다
반가班家의 유물遺物에
하회河回에서 상주尙洲로
유배당하듯 쫓겨와서는
벙어리와 귀머거리, 소경으로 평생을 사셨다.

가난과 멸시
배고픔과 못 배움으로 점철된
인고의 60여 년
당신을 지탱하는 건
알 수 없는 고집과 자존심 하나였다.

생生의 전부였던
알 수 없는 고집과 자존심
그걸로 당신이 지키고자 했던 건
과연 무엇이었을까?

실오라기 반가班家의 DNA
아니면, 정신의 마지막 절벽인 긍정의 경계

벙어리와 귀머거리, 소경에서 깨어난 날
당신께서 하신 말씀
100세까지 오래오래 살고 싶다.

헤일 수 없는 주름과
거친 손마디
구부정한 어깨,

당신의 소망 이뤄지길
못내 기도한다.

우리네 어머님들

여 경 준(알베르토, 대관령성당 교우)

당신은
한 많은 세상을
익모초 마냥 살았지요.

예서 박달재 너머 평동 거리 백리길
오고 간 발가죽
헤다 보니 남은 것은 파 뿌리,

우리네는 당신 뜻 모르고
쫓기는 생활 속에서
하루 언저리도
함께하지 못합니다.

그런 당신은 화려한 꽃들 속에서
외로운 들풀 마냥
하루해 보내지요.

임께

임 효 석(모친의 조카)

어릴 적 어리광을 부리며
귀염 차지하던 내가 보인다.
항상 반가워해 주시고
품어 주시던 모습
따뜻하고 인자하신 품성

님은 태어나기 전부터
참는 법 배워 이 땅에 오셨다.
어려움 감내하고 괴로움 이겨내고
하고 싶은 것도 참아
그렇게 이 세상 행복도
참게 되었나 보다.

이젠 참아내지 마세요.
그 나라의 모든 것 누리고 계셔요.
이제 모든 것, 님의 것입니다.

산 비둘기

임 인 진(모친의 6촌 여동생, 시인)

싸리꽃 냄새
숨 가쁜 고갯마루
산 비둘기 자꾸 우는데
어머닌 누구에겐가
신신당부로 나를 떠맡겼다.

뒤돌아보느라
돌부리에 채여 뒹굴며
타박타박 구비길 돌고 돌아
다시 돌아보면

산마루 소나무 아래
하얀 옷 입고 서서
어여 앞만 보고 가라
손 내저으시던 어머니.

어머니 까맣게 멀어져 가는데
산비둘기는 날 따라오는지
더 가까이 울었다.

어머니 얼굴

김 혜 영(딸)

식탁을 닦다가 문득 떠오른 얼굴.

근심이 밭고랑을 이루어
주름으로 깊어진 얼굴.

자식 뒷바라지에 용쓰시느라
빨갛게 붉어진 얼굴.

가을볕에 그을리며 감자 캐던
흑갈색 얼굴.

맛있는 밥 지어 이웃들과 나누던
반달눈 깊게 뜨고 엷은 미소 번지던 얼굴.

새벽바람 맞으며 일어나 있을 자리에 다 있는가를
다독이며 동심원을 그리시던 동글동글 그 얼굴.

달 떠 오르듯 동그마니 식탁 위에 그려져서
눈물 묻이어서 닦고 닦는다.

드높고 파란 가을하늘 닮은
어머니 보고 싶은 날,
방울방울 떨어지는 눈물로 식탁을 닦는다.

그리운 고모님

임 연 국(모친의 친정 조카)

조카들 유독 예뻐라 하시던
우리 고모님.
평생 호미 들고 일이 좋아
일만 하시던 당신,
뭉툭한 손마디가
기억나고 그리움만
가득 안고 고요고요
그렇게 떠나셨다.
우리 마음에는 당신이
최고의 여장군으로
영원히 함께하리니.
그립고 보고픈 우리 고모님~.

막내 조카 임연국

어머니

류 재 연(농협중앙회 농협사료 강원지사장)

봄기운에 연분홍 복사꽃 잎보다
곱고도 곱던 어머니.

그리움 길목에 서서
떨어지는 복사꽃 잎에
입 맞추려 하네.

흰 머릿속에 감춰진
검은 머리가 지난 세월을
돌이키게 하는 어머니.

옷매무새 추스를 여유도 없이
저 산 넘어지는 석양에 눈물 흘리네.

엄마는 그래도 되는 줄 알았습니다

심 순 덕(데레사, 초대횡계공소회장, 심상락 요한 막내딸)

엄마는
그래도 되는 줄 알았습니다
하루 종일 밭에서 죽어라 힘들게 일해도

엄마는
그래도 되는 줄 알았습니다
찬밥 한 덩어리로 대충 부뚜막에 앉아
점심을 때워도

엄마는
그래도 되는 줄 알았습니다
한겨울 냇물에서 맨손으로 빨래를 방망이질해도

엄마는
그래도 되는 줄 알았습니다
한겨울 냇물에서 맨손으로 빨래를 방망이질해도

엄마는
그래도 되는 줄 알았습니다
배부르다, 생각 없다, 식구들 다 먹이고 굶어도

엄마는
그래도 되는 줄 알았습니다
발뒤꿈치 다 헤져 이불이 소리를 내도

엄마는
그래도 되는 줄 알았습니다
손톱이 깎을 수 없이 닳고 문드러져도

엄마는
그래도 되는 줄 알았습니다
아버지 화내고 자식들 속 썩여도 끄떡없는

엄마는
그래도 되는 줄 알았습니다
외할머니 보고 싶다
외할머니 보고 싶다, 그것이 그냥 넋두리인 줄만

한밤중 깨어 방구석에서 한없이 소리 죽여 울던 엄마를 본 후론
아!
엄마는 그러면 안 되는 것이었습니다.

외할머니

김 은 하(모친의 외손녀)

작은 내가 세상 살아가다가
잠깐 멈춰 버린 시간 속에서
먹먹하게 하늘 올려다보고.

'이제 좀 봐줄만 하나요? 할머니!'
소리쳐 본다.
'잘하고 있다. 자랑스럽다' 말해 줄
아늑한 그 목소리 못내 그립다.

별빛 쏘는 적막 속에서
누군가의 별 하나 될 수 있을까?
나도 그분처럼 빛을 내어
누구라도 바라보고 힘을 실어주는
작은 별자리 하나 얻을 수 있기를.

시간이 흐르고 흘러서
어디에선가 그분 마주한다면
다정하게 '그간 잘 계셨나요?'
여쭤볼 수 있기를 기대하네.

그리움

임 형 태(모친의 친정 조카)

가끔 오래된 사진첩을 열어 본다.

그 속에는 큰 고모님과 함께했던
어린 시절의 사진들이 놓여 있다.

나를 바라보시던 자애로운 미소
언제나 따스하게 살펴봐 주시던 손길이
그리움과 함께 떠 오른다.

아침에 눈을 뜨면 늘 고모님 댁에 놀러 가던
대관령 어린아이 시절
그리고 방학 때면 고모님께 가 보던 그 시절
늘 그리움과 함께 되돌아가고 싶은 시간.

시간을 되돌릴 수 없다면
오늘 밤 꿈에서
그리움을 담아 고모님 뵈러 가고 싶다.

행복幸福

김 순 성(모친의 사위)

행복은 나의 기쁨
가정의 따뜻함
직장과 사회에서의 명예
오늘도 행복 찾아 시간여행 시작한다.

이것은 인생의
첫 번째 가치관이자 마지막 목표다.
가장 믿고 따르고 좋아했던 장모께서
우리 가정에 간절히 원하셨기 때문이다

항상 온유하고 겸손하게
때로는 평화로운 형상으로
어떤 때는 평화 원하고 바라셨지.

당신의 따뜻한 보살핌과
간절하신 바램으로
우리 가정이 세워졌고
행복 채워져 넘쳐나고 있다.

당신의 온유함, 겸손함, 성실함
그 고귀한 헌신과 인내와 절제,
오늘도 되새기며
그리도 원하셨던
가정의 행복 채우며
소소한 일상 살아가고.

소중한 감동 너무도 많아
늘 마음에 함께 하는 장모님!
참 고맙습니다!
언제나 존경하고
진심으로 사랑합니다!

어머니의 일생

김 해 교(모친의 조카)

우리 엄마 태어나 자라신 곳
대관령면 용산리 지금의 알펜시아
우리 엄마 시집간 곳이다.

진부면 상월 오개리
왼쪽은 곡고니 오른쪽은 능골
아랫집은 삼척집 우측은 평양집
봄이면 백덕산에 풀 뜯어 죽 쑤어 먹고
여름이면 다 자라지도 않은 감자밥
가을이면 큰 산의 도토리로 밥해서 먹고
겨울이면 강냉이밥으로 허기 채우고
먹을 것 없어 찔레 순도 뜯어먹고
소나무 껍질도 벗겨 먹고
적막한 겨울 긴 밤 질쌈으로 밤새우고
새벽에는 자식새끼 추울까 불 지피고
6.25 사변 얘기하다 눈물짓고
자식이 아프면 남몰래 눈물짓고

당신이 아프면 신음도 안 내고
또 그렇게 한숨 자면 괜찮다 하고
모든 걸 자식을 위해 희생한 당신
모진 고통도 자식 위해 낙으로 삼던 모정
이제는 불러도 대답 없는 어머니
존경하고 사랑합니다. 세상 끝날까지.

한여름 밤의 꿈

임 연 일(모친의 친정 조카)

살기 바빠 또 다른 이유로
따뜻한 식사 한번 제대로
해드리지 못한 조카에게

어느 무더운 여름날
꿈에라도 한번 뵐 수 있기를
시원한 동치미국수 한 그릇이라도
드릴 기회가 허락되기를.

시어머니

서 순 옥(모친의 조카며느리)

심성이 선하신 어머니
참는 것이 미덕으로 살아온 일생,
하루 참으면 백날이 편하다 하신 어머니
굶주림도 참으며 살아오신 모성母性
뼈가 시리도록 추운 날에도 헐벗으며
자식 위해 한평생 살아오신 어머니
며느리의 잘못 보시고도 당신이 가르치지
못한 탓으로 여겼던 삶의 표징,
며느리보다 아들 꾸중하던 어지신
지고지순한 시어머니
조용한 음성으로 말씀하시며
늘 인자한 모습으로 미소 짓던 분
호미 들고 밭으로 김매러 가신 당신의 뒷모습
정녕 보고 싶은 그리움에
가슴에 맺힌 한恨 뜨거운 눈물이다.

사람아, 사람아

제 정 자(모니카, 눈마을도서관장, 시인)

사람아
돌 울음소리 들으며
돌 지게 지고 울음 우는 사람아
어미 떠나고
마음의 산이신 아비마저 떠난 세상
덩그러니 남아서
속울음 우는 사람아.

어머니는 사모의 길 내어 주시고
아버지는 냇가의 옥돌 수북이 모아 주시고
바람 따라 떠나셨네.
하루에 돌 지게 100짐 지어 날라
부모님 보은의 돌탑 쌓으며
회한과 사모의 정을 높이 올려보려 하네.

용서하소서.
어머니!
잘못해 드렸습니다.
아버지!
돌 하나 얹고
돌 두 개 쌓고
눈물 쏟아붓고 한숨도 얹는다.

사람아 신이 시간 빌려준다면
무릎으로 기어가서
가슴 터지게 울어 보려므나.
울다 지쳐 자지러지면
어떠리 어떠하리.

냇둑 오르며 돌 짐 지어 나르는 사람아.

보고 싶은 어머님

조 동 현(농협 양양지부장)

재롱부리며 철이 없을 때 엄마
섬이 들어 어머니
어머님이라 부를 땐
아쉬움과 그리움만 가득 남아

새벽녘 사랑하는 어머님 생각에
보고파 눈물이 베개 닢을 적시네.

사랑합니다
어머니!

감자밥

이 흥 우(김영교 담임교사, 시조시인)

보리밥에 숨어 묻힌
토실한 감자알을

어머니 주걱 뜰던
그 모습이 생각나서

손 가다
차마 못 먹고
돌려놓고야 말았지.

고기가 좋아

이 흥 우(김영교 담임교사, 전 강원시조문학회장)

어머니는 늘 그랬다.
난 비린 게 안 좋다고

나물에 된장국에
그러면 된다면서

생신상 고깃점 뒀다
다시 내던 내 밥상.

생선도 못 먹겠다.
북어도 대가리만

어머니는 고기라면
어느 것도 못 드시고

오로지
식물 식성에
그런 줄만 알았다.

암에 걸려 말라가며
"불고기가 먹고 싶다."

뜻밖에 하신 말씀
고기 집에 모셨는데

채 한 점
못 드시면서
"원랜 좋아. 고기가."

어머니의 땅

김 창 석(홍익출판사 사장, 시인)

척박한 황무지 가꿔 손발은 거칠고
개척한 옥토에 씨앗 뿌려 가꾸셨으니
옥이야 금이야 그 정성 어이 그뿐이랴.

금쪽같은 3남매 고이 기른 그 모정
진자리 마른자리 칠십 성상 챙기시며
굽은 허리 펴지도 못하고 보낸 평생.

이제야 쉬시려나 편히 모시려나
아, 후회할 틈이나 주실 것이지
은하수 길던 밤
기어이 쪽배 타고 밤하늘로 오르셨네.

바람도 기억도 잡을 추억도 없이
떠나신 어머니.

隱德家傳久 은덕가전구

이 우 식(평창군청 재직)

利 他 勤 苦 意 (이타근고의)
不 變 奉 公 心 (불변봉공심)
隐 德 家 傳 久 (은덕가전구)
焉 無 衆 仰 欽 (언무중앙흠)

남을 이롭게 하고자 애쓰시는 뜻
나라와 사회를 위한 마음 변함없네.
숨은 덕 가문에 전해 짐도 오래니
그 어찌 뭇사람 우러름이 없으랴.

崇祖孝家승조효가

최 병 주(영월 내성시 회장)

勝地金家和睦陽 (승지금가화목양)
先人時奉顯場堂 (선인시봉현장당)
施仁種德 明門影 (시인종덕 명문영)
學藝崇文孝志光 (학예수운효지광)
閱歷星霜前祖仰 (열역성상전조앙)
日新遺緖後孫楊 (일신유서후손양)
望鄕更把宣名族 (망향갱파선명족)
紹瑟禪賢盡虎昌 (소슬선현진호창)

승지에 김 가문의 화목이 빛나고
선대를 시봉하는 현장의 사당이요
인을 베풀고 덕을 쌓은 명문의 빛이니
학예와 글을 숭상하는 효심이 빛나네.
가문의 역사 조상을 숭상하니
새롭게 살아있는 후손이 빛이요
고향을 지키는 명문 가족이 되어
선조가 남긴 정성 창성하리라.

모친 회상

엄 기 종(강릉고 선배, 시인)

대관령 거래지
눈개 밭 설원의
새하얀 어머니.

삼정평 장군봉
발왕산 보시며
사시던 어머니.

지금도 우리 곁
누우시어 따습고
따스한 어머니.

오늘도 어머니
포근한 가슴에
안온히 듭니다.

2부

최철순 화백의 감회感懷

- 오, 글로리아(gloria)! 빛의 정원(민화 도록)

좋은 날

옥수수 조밥 먹으며 지낼 때도
가난한 줄 몰랐다.
두 칸 방에 온 식구가 살 때도
비좁은 줄 몰랐다.
몰래 스키 연습하여
상을 탔을 때도 기쁜 줄 몰랐다.
오늘 진시회
모친과 함께하여 못내 기쁘다.
이 영광, 모진 어려움 이겨낸
어머니께 돌려 드린다.

(첫 번째 민화 개인전을 열면서)

효부상을 받다

평창 향교
아내에게 효부상을 준다.
고우신 시어머니 잘 모셔 좋은 곳으로 보내드리고
별나신 시아버지 정성으로 잘 모시고
친정 부모님 집으로 모셔
마음으로 모신다고
쭈뼛거리는 아내와 함께 가서
효부상을 받는다.
어머니 영전에 바치고
큰절을 드린다.

신사임당의 꿈

오래전 아내에게 약속하였다.
당신이 신사임당 상을 받도록 해주겠다고
부모님 잘 모시고
자녀들은 반듯하게 잘 키우고
이웃에게 온정을 베풀며
봉사활동 실천하고
예능을 꼭 쌓아야 한다고,
쭈뼛거리는 아내를
문인화 선생님께 손을 잡고 찾아가
제자로 삼아주십시오.
딸처럼 생각해 주십시오.
스키심판 교육장에 같이 가 자격증 받게 해주고
민화, 요리, 다도 아내가 하는 일은
무엇이든 도와주었다.
아내는 묵묵히 덕목 쌓아 나갔고
언젠가 좋은 일 오리라는 기대감에.

고맙소

알아요. 당신의 노고를
또 그리고 당신의 재능을
비록 묵묵히 침묵으로 응시해도
당신의 노고 갚을게요
끝내 재능을 도울게요.

함께 살아갈 소중한 삶의 시간대
어려운 강도 함께 건너고
한겨울 산도 함께 넘는 동안
인생의 보람됨도 있으리니
여생 유의미하게 살아가리라.

나의 기도

현관문 열고 아이 들어 왔을 때
묵향墨香 풍기며
붓글씨에 심취해 있는
형상形像 보게 하소서.

나의 휴일이면
잔잔한 사랑의 랩 소디 들으며
좋은 책 늘 가까이하는
어머니에게 하소서.

눈 쌓인 적막한 겨울밤
밤하늘 응시하며
별 헤는 모성이게 하소서.

혹여 길을 걷다가
돌풍 만나면 머리 맞대고
들풀 하나의 서러운 마음도
헤아리는 초상肖像을
벽에 걸고 싶어 하는
자애로운 모성母性이게 하소서.

한 올 바람에도 눈물이 핑 돌아
한 편의 시를 써 내려가는
시인의 마음 갖게 하소서.

소박한 꿈 소중히 안고
어떤 어려움에도 흔들리지 않는
굳건한 의지 하나 허락하소서.

깊이 생각함에 지혜를 찾고
겸손하고 신중하며 생동감 넘치는
오월의 장미 닮은
모친母親이 되게 하소서.

천사스런 산목련

– 산목련 내 아내

김 영 교

그대, 깊이 알 수 없는
넓이를 재어 볼 수 없는
천사스런 산목련
산중에 홀로 피어나
언제나 말이 없다.

불타는 꽃술 숱한 부대낌 속에
어질고 참음이라는
그 단아함으로
베풂과 순종이라는
하얀 그 꽃잎으로
배려와 이해의 고고함으로

나의 심연深淵에 고요한
천사스런 그 산목련
아, 담백한 품격品格이다.

주님의 평화

지금 창밖에는 하얀 눈이 소록소록 소리 없이 쌓이고 있어요. 날씨는 포근하게 조용하기만 하고요. 주형 아빠, 생활에 불편함은 없는지요? 난 당신이 너무나 대단한 분이라 생각합니다. 세속적인 바쁜 일을 끊어버리고 꾸르실료를 각오한 자체에 감사드려요. 당신은 늘 부끄러움 없이 살려고 하지만 주위에서 그냥 버려두지 않는 요즘 세월에 완고한 각오와 신념으로 이겨내는 당신 정말 존경스럽습니다.

오늘은 레지오 끝나고 할머니 댁에 방문 갔다 왔어요. 사람이 산다는 것이 무엇인지 할머니를 통하여 많은 것을 배웁니다. 우리 자신은 아무것도 아닌 것을 살아가면서 욕심을 내고 질투를 하고 미워하면서 나 자신만을 위해 살려고 하는 것 같아요. 나 또한 신앙이 없었다면 어떻게 지낼지는 모르지만, 그나마도 자신을 돌아보면서 하루하루를 보내는 자신이 대견하기도 하고 늘 하느님께 감사드립니다. 주형 아빠, 우린 오랜 시간 동안 서로를 믿으며 나름대로 각자의 생활에 만족하며 살아왔는지, 또 난 당신께 얼마나 신뢰를 주면서 지냈는지 생각하니 당신께 미안한 점이 많은 것 같군요. 늘 저의 입장에서 생각하고 이해하려는 당신 정말 고마워 감사한 마음으로 살아갑니다. 오늘 아침 당신을 보내고 아이들을 운행하다 보니 용평 가는 길이 너무나 아름다웠지요. 눈 덮인 산하의 설경이 제 마음을 더 아름답게 하는 것 같았어요. 당신도 버스를 타고 가면서 창밖의 아름다운 설경을 보았으리라 생각해요. 운행을 다 마치고 지금은 조용하게 당신 책상에 앉아서 우리들의 지나온 일들을 생각합니다. 짧으면서도 긴 시간 동안 우리의 삶은 너무나 벅차게 우리를 이 자리까지 오게 한 것 같아요. 그것은 다 주님이 함께하셨기에 우린 그 모든 것을 이겨내고 우린 그 자리를 끝까지 지키고 왔던 것 갈군요.

여기서 더 어려운 일이 오더라도 당신과 난 주님의 힘으로 이겨 내리라 믿어요. 이제 우리 아이들도 몰라보게 장성하여 대견하기도 하고 의젓하기만 하네요. 당신 없는 동안 아이들과 당신을 위해 기도도 많이 할게요. 늘 좋은 인상 주면서 생활하는 아버지의 모습을 아이들은 은연중에 배우리라 생각하며 남을 이해하고 생각해 주는 당신처럼 우리 아이들도 착하게 자라며 좋은 생각과 높은 뜻을 담고 살아가리라 믿어요. 잠시도 앉아있지 못하고 움직이는 당신께 주님의 시간을 허락하시어 오랜만에 책상에 앉아 주님과 함께 지내니 기분이 어떠한지요. 신부님의 말씀 한마디에 거절하지 않고 용감하게 대답하는 당신을 좀 아끼고 챙기면 좋겠다 하는 생각뿐 이였어요. 하지만 당신이 하는 그 모든 것이 당신을 위하는 것이지만요.

이제 꾸르실료를 받으면서 당신도 신앙적으로 더 많이 성장하여 더 많이 봉사하면서 프란치스꼬 성인처럼 살아가길 바라며 꾸르실료 스타로서 크리스챤 생활을 더 열심히 하는 당신 모습 기다리며 우리의 가정의 화목과 평화를 위해 서로가 노력할 수 있는 형제, 자매로서 늘 감사하는 마음으로 사랑을 나누어줄 줄 아는 그러한 신앙인이 되기 위해 노력해 봅시다. 늘 주님 안에 당신 건강 지켜주시고 당신의 뜻 하는바 모든 것 주님이 지켜주시리라 믿으며 훌륭한 꾸르실료 스타가 되어서 오시길 바랍니다.

(데꼴로레스 당신을 사랑하는 아내가 당신을 위하여 미사 10. 영성체 10. 십자가의 길 5. 성체조배 5. 묵주기도 500. 주모경 50. 봉헌합니다. 주님의 평화가 함께하길 바라며…)

- 2000. 1. 13. 글라라.

내 삶, 바람의 길

자기의 인생 안에는
긍정과 부정이 있다고 합니다.

긍정의 마음이 움직일 때는
하얀 한지 위에 채색화를 그리며 밤이 깊었고.

부정의 마음이 출렁거리면
아교를 녹이고 분체 물감을 풀어서
초충도를 그리며 신사임당의 얼을
닮아 보려고 그리고 그렸습니다.

앞으로의 저의 삶도
채색화처럼 살아가도록 하겠다는
작은 다짐을 부끄러이 내어놓습니다.

- 첫번째 민화 개인전 머리글에서

시월의 멋진 날에 부쳐

그 무덥던 여름도 가고 가을 산이 한 폭의 그림으로 펼쳐집니다.
조촐하게 차려진 저의 그림 전시회에 귀한 걸음 옮겨 주셔서
감사드립니다.
저는 낳아 주시고 훌륭한 집안으로 출가시켜 주신 부모님 감사합니다.
우리 주형, 주영이 귀하게 길러주신 시아버님.
지금은 하늘나라에 계신 보고 싶은 시어머님.
머리 숙여 감사드립니다.
한결같은 마음으로 모자라는 아내를 받쳐주고 끌어 주신 오늘
이 자리에 세워준 남편 김영교 시인 많이 고맙습니다.
어색해하는 내 손을 이끌고 묵향이 흐르는
임천 선생님 앞으로 앉게 해준 그날을 기억합니다.
잠깐 붓은 놓은 적도 있지만 다시 채색화의 길로 들어설 수 있었던 것도
처음의 기억이 소중했기 때문입니다.
지나온 삶의 발자국이 가볍고 신나지만은 않았지만
그럴 때마다 물감을 품고 정좌를 하여 삶을 추슬러 오다 보니
그림이 차곡이 모여 한 번쯤 저의 흔적을 풀어 보고자
한잔의 국화차를 곁들여 자리를 펼쳤습니다.
격려의 말씀과 사랑의 채찍 주시면 감사하겠습니다.
지극히 사랑하는 제 가족과 화실을 가면 언제나 얼굴 가득 웃음으로
반겨 주시는 하연당 김은화 선생님, 인연설을 소중히 여기며 기쁨으로
살아가겠습니다.

- 2016년 10월 24일 설화당 최철순(첫 민화 개인전을 열면서)

3부
성당

어머니를 추억하다

언제나 작은 자리에
자신을 두려 했고
고운 마음만
어깨에 가득 담아 메고
세상 길 걷고자 한
나의 어머니 몸에선 향기가 나곤 했다.

그런 마음으로 농사를 지으시고
먹을 것을 만드시고
자손들에게 나누어주고
그게 사랑임을 스스로 실천하며
남을 깨우치게 하셨다.

깨달음 삶을 완성하는
효주 아네스 성녀의 신심으로 살려고 하셨으며
가난하여 많이 배우지 못한
한스러움이 이력을 지금쯤
어느 하늘 어느 흙 위에다 쓰고 계시는가?

어머니가 이 세상에
다 못 나누어 주고 간
사랑의 말씀은 세상 어느 곳에
다시 심어져야 하는가?

林金鎭(효주 아네스) 나의 어머니
효주 아네스 성녀의 신심을 닮고자 했던
삶이여, 사랑이여!

사랑의 모후시여 1

제 몸을 바람에 맡기고도
물이 오르는
여린 꽃잎마저 고운 5월

자의든 타의든
아이와 어버이와 은사를 떠올리지 않을 수 없는
익숙한 부산스러움에서 한발 물러서서

순명으로 예수님의 모친 되시고
성가정의 근원이시며
신앙인의 모범이신 성모 마리아님을
손 모아 바라보는 성스러운 밤입니다.

성모님!
영문도 모른 채 죽어 갔을 세월호의 안타까운 죽음들
젊은 자식의 초상을 치른 몇 날 남짓에
어버이날 맞이했을 부모의 심정을
쉽게 노래하는 날도 있었습니다.
희생자와 그 가족들의 5월도 이 밤 생각하게 하소서.
희생된 수병의 무덤에도 꽃은 지천이게
저희 모두 기도하게 하소서.

사랑의 모후시여!
순명과 사랑으로 주님을 흠숭하며
이웃과 나눔의 삶 못내 실천하여
아름다운 본당을 일구어가는
참 신자 되기를 기도하는 뜻깊은 성모님의 밤

발아래 피어난 작은 들꽃과
가파른 바위 듬새 아스리이 가지 뻗은 꽃들이
오늘 밤에야 시야에 가득합니다.

작은 들꽃에도 마음 건네는 성모님의 밤에
우리의 간절한 소망을 담아
노란 리본으로 묶은 장미회관 바칩니다.
사랑의 모후시여!

꽃내음 달 이 오월에
야생화 꽃길 길동무 삼아 계곡물에 발 담그면
솔바람 시원한 〈성베네딕도 대관령성당〉
노랑제비꽃 나지막하게 피어 있어
돌담 같은 소박한 이야기가 있는 곳
별빛이 정겨운 '성모님의 밤'에 드셨으면 합니다.

사랑의 모후시여 2

사랑의 모후시여!
순명과 사랑으로 주님 흠숭하고 이웃과 나눔의 삶 실천하여
아름다운 공동체 대관령 본당 일구어 나가며
참신자 되기 기도하는 뜻깊은 성모님의 이 밤에.

신비로운 샤론의 장미꽃,
지난 9월에 오신 케네디 신부님 모시고
본당 신자들은 성전 건립의 축복 기다리고 있나니,
내 앞가림 집 살림하기도 빠듯한데
신자들의 가슴에 환한 희망의 꽃들이 피어나고 있습니다.
저희의 집 스스로 세울 수 없어 한없이 부끄러워 면목 없지만
우리 안에 한 형제자매임을 믿기에 다소 위로가 되고
비록 만남이 없고 전혀 기억 없는 성당 건립을 위해
경이롭게도 기도와 헌금을 봉헌해 주고 있습니다.
따뜻한 정성과 기도가 모여서 기둥이 되고 벽돌 쌓여 지는 날
우리들의 가정에는 은총의 꽃비 내리리라.
천상에 기록될 귀한 이름이길 기도합니다.

아 놀라워라. 인도 남부 첸나이 타밀나두* 태생인 케네디 신부님,
고향을 못 간지 8년이 지나 몇 날 후면 귀향하실 예정일지라도
어머니가 보고 싶을 땐 '섬집 아기'를 부르며 그리움을 달래셨다는데
어머니 뵈게 되면 큰 목소리로 그 노래 불렀으면 합니다.
눈물을 닦아 주는 손수건이 되고 싶다는 신부님, 우리 신부님!
고향 가시는 길에 성모님 함께 하시고,
베네딕도 대관령성당 성전 건립의 간곡한 기도를 하느님께 소리 높여
올려주소서.

사랑의 모후시여! 장미 화관 올리오니 저희들의 기도를 전구하소서.
물오른 나무들이 저마다 잎 돋우는 오월의 기도입니다.

* 인도남부 첸나이 타밀나루는 가야국 김수로왕과 혼인한 허황옥(아유타국 공주)의 고향이다. 2000년의 시간을 넘어 한국의 신자들과 소통하고 있다.)

성모님 동산

어머니 공원에
성모님 동산을 만들기 위해
염수의 신부님과 의논을 한다.
가나의 혼인 잔치 첫 기적 상징하는
성모님 동산을 만들기 위해
아내가 아직 때가 아닌 것 같다고 한다.
가정의 평화를 위해
잠시 그 뜻을 멈춘다.

성당을 찾아

꽁꽁 얼어붙은
새벽길을 따라
성모님께 안기고파
성당을 찾았다.
아, 목마르다 하시며
고개를 꺾으신 예수님처럼
난蘭, 장미, 국화 등 성당 내의 화초도
얼어붙은 채 고개를 떨구었다.

십자가에 못 박힌 채 고통 속의
예수께서 상처투성이인 못난 죄인을
조용히 내려다보고 있다.
사람답게 살아가라.
오랜 침묵 뒤 일깨워 주신다.

(2003. 1. 6. 성당을 찾아서)

문학기행

마리아, 모니카 시인과 함께
다이아몬드같이 빛나는 눈의 나라로
문학기행을 떠났다.
굽이굽이 긴 눈 터널 따라 차를 달려 나갔다.
각양각색의 동물이 반겨주듯이
토끼, 기린, 북극곰, 사자
무더기로 매달려 미소 짓는 중에
원숭이 떼는 한층 인상적이다.
왼편 산 중턱 수많은 불상이 목장을 위해
불공을 드려주는 모양새다.
코끼리 코같이 긴 키를 자랑하며
땅에 닿아 하늘과 땅 사이에
긴 사다리를 만들고 있는 2단지 고드름에
시인들도 느낌표를 토해낸다.
우리 모두 목장의 눈꽃 잔치에
초대받아온 나그네, 눈길 계속 내달린다.

눈길을 휘돌면 흰옷으로 치장하고
하얀 미소 짓는 성모님과 예수님께서
프란치스코야! 하며 손을 내미실 것 같다.
순결한 영혼의 상징인 눈은 성모님이다.

(2002. 12. 27. 모니카, 마리아 시인과 설국을 만나며)

김동훈 라파엘 신부님

찬미 예수님!
하늘 아래 첫 본당 횡계 성당에 참 좋으신 김동훈 라파엘 신부님을 보내주시어 철마다 한 아름씩 꽃바구니 들고 지극선至極善의 교우들 모여 하느님 보시기에 참 좋은 본당 섬기며 축복 속에 살아갈 은총 허락한 주님의 은혜에 감사를 드립니다.

백설같이 맑고 고우신 라파엘 신부님!
당신께서 주님의 택하심을 받아 횡계 본당에 오시던 날, 순은純銀이 빛나는 산자락에 대조적으로 햇살에 보석같이 빛나는 본당의 형상에 매료되어 '아 이곳이 천국이구나' 감탄한 뒤에 순진무구純眞無垢한 어린아이처럼 좋아하였습니다.

겸손하시고 온화하신 라파엘 신부님!
당신은 진정한 참 사제의 모습을 보여주었습니다.
상대방을 존중하여 이해하고 배려하면서 지극히 낮은 곳에서 주님의 사랑을 몸소 실천하였습니다. 매 주일 미사 복음 말씀을 암송하시어 횡계 본당을 찾은 많은 주님의 어린 양에게 신선한 감동을 안겨주셨습니다.

존경하는 라파엘 신부님!

신부님께서 횡계 본당에 계시는 동안 참으로 어려운 일도 많았습니다. 교통사고를 당하시어 본당 교우들의 가슴을 쓸어내렸고, 위암 판정을 받아 갑작스레 수술하여 교우들이 안타까워 하던 일. 교우들끼리 작은 오해로 화해하지 못한 그 안타까움에 눈물을 감추며 '작은 신의 대행자'로서 정말로 온갖 고생을 담당하였습니다.

사랑하는 라파엘 신부님!

당신께서 마지막 미사를 집전하시는 게 아쉬운 듯 지난밤 철 이른 봄비가 철럭철럭 마음을 때리며 밤새 내렸습니다. 이제 신부님께서는 너무나 정들었던 본당과 교우들 곁을 아쉬운 마음으로 떠나가지만, 당신이 모친을 모시고 마흔아홉 구비 대관령 고갯길 넘어오다 주워 온 모자석母子石이 본당 뜨락 성모님의 발아래 남아 그렇게 우리 마음에 두 분의 아름다운 형상이 영원히 남아 있습니다.

정녕 이토록 훌륭하신 신부님을 계속 모시고 싶지만, 하느님의 심오한 뜻이 있음을 알기에 안타까운 마음으로 보내 드릴 수밖에 없을지라도 못내 건강하십시오. 신부님 감사합니다.

5월의 노래

물굽이 돌아 지친 머리
씻어내는 투명한 물소리는
주님의 음성이다.
높고 푸르러 눈물이 핑 도는 하늘
주님의 마음일까?
낮은 산자락의 노랗고 하얀 들꽃
지천으로 수놓으신 주님의 손길.
오랜 세월 저토록 씻기고 닦여
흰 얼굴 드러내는 바위는
주님의 형상, 배시시 웃는
그 배꽃의 수줍음은 당신의 미소,
닫힌 마음 훑어내는 한 줌 바람 뒤
나날이 푸름에 짙어가는 신록
아! 놀라운 주님의 섭리다.

(2003. 5. 5. 크리스티나 수녀님과 6분의 수녀님과 목장 여행을 다녀와서)

아기 예수

아담한 성당 내에
그 아기 예수 탄생하였다.
세상의 모든 고통과 아픔
갈등을 해소해 주시고
이 땅에 평화 주시려
우리에게 오신 성자聖子 예수님!

흰 눈 쌓인 울타리에
동방박사 세 사람과
동정녀 마리아와 요셉의
품에 안겨 솜이불을 덮은 채
조용히 잠들어 누우신
참 빛 아기 예수의 얼굴에
얼어붙은 마음속 평화의 빛 스며듭니다.

(2003. 1. 6)

하늘 아래 첫 본당

하늘 아래 첫 본당인 횡계 성당에
4계절 따라 한 아름씩 화초가 피고
마음이 아름다운 사람들 모여
소공동체 이루며 축복 속에 살고 있다.
고운 심성, 깊은 신심
겸손한 마음으로 작은 천국을 이루어
부족한 신자 이끌어 주시는
좋은 신부님 계신 곳
하느님 보시기에 참 좋은 성당이다.

(2003. 1. 6)

후회 없는 삶

언제라도 당신께서
정겨운 음성으로 프란치스코야
이제 그만 내게로 오렴.
비록 그날에 부를지라도
조금의 망설임도 없이
네 하며 순명順命으로 수락할
그 온전한 삶 누릴 수 있다면,

(2003. 2. 8)

크리스티나

당신의 해맑은 웃음에서
성모님의 얼굴을 본다.
고통과 어려움 속에서도
늘 감사하는 자세에서
성모님의 모습이 보인다.
큰 수술을 마치고
불확실한 결과를 기다리면서도
끝내 순응順應하는 자태姿態에서
감사하게도 참 신앙인을 만난다.
부디 건강한 믿음 위에
주님의 은총 가득 하시라.

(2003. 1. 19. 덜컹거리는 눈꽃 열차 안에서)

새벽 별

당신 없는 밤하늘에
편지를 씁니다.

신중하고 침착해라.
남을 이해하고 배려하되
항상 준비하고 노력해라.
넘부끄러운 짓 제발 하지를 마라.

지갑을 열 때마다
아직도 말씀한다.

林金鎭 효주 아네스,
효주 아네스 성녀의 신심 닮으신 모친은
기도로써 우리를 지켜주셨네요.

아직도 먼 행성에서
지구별 바라보며
빛바랜 주민등록증 사진 속에서
조용히 웃고만 계시는 당신,

어머니, 오늘도 새벽 별이 떴네요.

닮고 싶어요

저 닮고 싶어요.
세상의 모든 죄인
업보業報인 양 짊어진 채
골고다 십자가에 못 박힌 뒤
죽음으로 용서해 주신
넓으신 지극한 그 마음을.

저 닮고 싶어요.
가난한 이웃을 위해
자신의 모든 것 철저히 포기하고,
몸소 이웃 사랑을 실천하며
자연의 아름다움을 노래했던
거지의 왕 프란치스코 성인의 모습을.

저 닮고 싶어요.
고통 속의 우리에게
눈물로써 지켜주시고
사랑으로 감싸 주시는
성모님의 아름다운 마음
감당할 수 없어도 꼭 닮고 싶어요.

(2003. 1. 6)

염수정 추기경님

평창 패럴림픽 폐회식의 대통령 초청 만찬장
염수정 추기경님 뵙고 인사를 드린다.
버스 옆자리에 앉아 폐회식장으로 이동하여
다소곳이 그 자리에도 함께하였지.

되돌아 만찬장 주차장까지 안내하고
추기경님 3형제 신부님이
어머니 공원을 찾아 주신다.

'이 가정에 평화를 빕니다.
진리가 너희를 자유롭게 하리라.'
방명록에 친필 사인을 남긴다.
추기경님 기념식수를 하고
작은 표석 하나를 남긴다.

4 부

어버이의 길

아버지의 표석

어머니 공원을 만들면서
섭섭할 수 있는
부친의 그 얼굴 떠올린다.
한 가정의 버팀목은 우리네 아버지
후암 선생님과 논의한다.

아, 그 음성 꽂동네
'얻어먹을 힘만 있어도
주님의 은총입니다.'에 영감을 받아
아버지께서는 항상 저의 마음에
오르지 못할 큰 산이었다.
표석을 각인刻印한다.
어머니 공원 한복판에
아버지 못내 흐뭇해한다.

항상 부친은 자녀에게
늘 그렇게 큰 산이었다.
언제나 용기를 주던
늘 푸른 청산靑山이었다.

사모의 정情, 가슴에 묻어놓고
작은 삶의 일상의 소중함과
낯익은 풀꽃과 더불어
정성을 모아 「어머니의 길」 만든다.

못내 미더워하실 믿음으로
버린 돌도 정성껏 쌓아 올리며
흩어진 가족 사랑 부으며
어느덧 일몰日沒, 어머니 공원 만든다.

어머니의 길

지금은 별 총총 새벽 2시,
깜깜한 밤길 네 손으로 헤치며
어머니의 길을 나선다.

3시면 외국 출장을 가야 하는데
모친께 문안 인사드려야 하기에
단 하루도 어머니 찾지 않으면
기다리고 또 섭섭해하실 것만 같아
또 이렇게 두려운 마음 떨쳐내고
어머니 산소 앞에 선다.

꽃잎 떨어지듯 숨질 때까지
새끼들 못내 보듬어 주고
일일이 매듭도 풀어주시고
꽃잎 지듯 임종의 병상에서도
그렇게 챙겨주고 보살펴 주던 어머니!

바람도 끊긴 시간, 모친의 산소에서
경건하게 합장하며 머리 숙이는
둘째의 이 마음 알고는 계실까?

자작나무를 심으며

어머님 공원에 자작나무를 심는다.
하이얀 색조色調는
아기살보다 보드라운 질감이다.

삶의 편린片鱗을
사연으로 적어 보내던
몇 그루 자작나무를 심는다.

가지를 뻗으며 참 빨리도 자라
멋진 생명의 숲 이루어지고
자연의 이법理法은 스스럼없다.

바위솔 공원

양을 키우는 목장에서
마구 뻗어난 소나무 가지 자르다가
공중에 휘날려 팽개쳐졌다.
요추腰椎의 3번이 부서져
전신 깁스 상태로 나날을 살아가며
문득 드는 생각은 아! 옛날이다.
스키장 슬로프 휘젔던 젊은 날 이득하고
만용 부려서는 안 되는 세월 지나쳐
은퇴자의 자화상自畫像 가늠한다.

다시 또 그렇게 일어선다면
타자 간에 즐거움 드릴 수 있고
충만한 생명감으로 수줍은 꽃대를
조용히 밀어 올려 모두가 함께 즐길
바위솔 동산을 설계해 본다.

가장 투명한 아침 햇살 선명한 곳에
아내를 위해 설화당 정원雪華堂 庭園이라
내밀한 언약인 듯 작은 팻말 걸어놓고
나무그루마다 자녀들 명패도 그렇게

가장 널찍하고 단단한 바윗돌에는
'어머니 밥상이라 새겨 넣으리라.

이 모두를 안을 수 있는 바위솔 동산의 중심에
푸른 천년의 신화처럼 눈부신 상징적인 비문碑文

'아버지는 나에게 큰 산山이다.'

자작나무 숲

고운 은빛의 자작나무를
정성껏 몇 그루 심었더니
어느덧 숲을 이루어
서로 격려하듯 노래 부르네.

봄 길엔 스타카토 꿈의 선율
신록의 계절엔 맑은 노래
가을엔 만추晩秋의 흥겨움으로
단절의 시간대엔 순은純銀의 눈부심으로
청산 가득 장엄한 코러스의 울림이다.

큰 바위솥 돌탑

천년 바람 앞에서도 우뚝하소서.
비록 아담하고 작으셨지만
나의 어머니, 우뚝하소서.

어머니의 그 작은 손으로
저희들을 입히고 먹이고,
가르쳤으니 더없이 우뚝하소서.

단풍나무의 사랑

마지막 잎새는 아니더라도
봄날의 단풍나무 잎은
여리고 여린 아기의 눈처럼 애처로워
차마 잎은 떨구지 못하는
늦가을의 단풍나무 잎새다.

돌담을 쌓으며

어머니와 한때나마 농사짓기 위해
밭에서 주워냈던 돌 더미다.
양식 한 알이라도 못내 늘이려고
수도 없이 주워 버린 돌
뒤돌아보면 그분의 손길과 노고,
땀과 눈물 방울 묻어있는 돌이다.

어머니의 강인한 의지가
하늘과 맞물린 인연의 매듭,
마카* 안반데기 모여라.
돌들아, 다시 또 모여라.
그렇게 밤별처럼 함께 도란도란
옛이야기 몽환夢幻처럼 꽃피우자.

* 마카(모두의 지방어)

부모님 돌탑

모정母情의 돌탑 보며 다짐했지요.
부모님 돌탑을 쌓아 보겠다고
부친이 숨져 돌아가시던 밤,
폭우가 쏟아지며 집 앞의 개울가 가득
호박돌 무더기로 선물 안겨주었지요.

작심 끝에 삼우제 지낸 뒷날부터
어떤 날은 하루 100지게를 지면서
무려 1,262지게 져 올렸지요.
부모님 고향 돌 15t, 16차를
농토 조성하며 실어 왔지요.

또 그렇게 홀로 우직하게
눈보라 칼바람 가슴으로 맞으며
피 멍든 손으로 정성껏 쌓아 올렸지요.
부모님께서 돌보아 주신 까닭일까?
기적처럼 손끝, 허리 한번 삐끗하지 않고
100여 개의 돌탑 무사히 쌓을 수 있었지요.

금잔디 사랑

잔디밭 관리 걱정하시나요?
천여 평 잔디밭도 일체 걱정 않지요.
예초기로 자주 베어주면
때로는 잡초도 잔디처럼 보이며
아스콘 바닥 뚫고 올라오는 강한 생명력에
씨앗도 맺지 못하는 잡초는
서서히 사라지는 까닭.
잔디밭 관리 우려하던 아내의 얼굴도
어느새 환하게 피어나고 있네요.

금잔디를 심다

모친을 닮은 금잔디를 심는다.
12톤 트럭 가득 700여 평을 심을 금잔디
560만 원을 주고 실어 왔다.
온 가족이 새벽 5시 반부터
밤 10시까지 새마을 가족이 되어
어머니의 모습 떠올리며 심는다.

바위솔 엄마

바위솔 심던 날
어머니 모습을 닮은
바위솔 심던 날
어머니가 무척 보고 싶다.

작고 여린 몸으로
손에서 호미의 자루 놓지 않고
척박한 땅 일구어 자식들 뒷바라지에
바위솔의 굳은 뿌리 손에 박힌
어머니의 모진 삶이다.

바위솔 심던 그날
당신의 환영幻影 겹쳐
못내 뜨거운 눈물이다.

부모님 돌탑을 쌓으며

가을빛 곱던 어느 날, 정선의 아우라지에서 머지않은 노추산 자락을 찾아 모정의 돌탑을 걸으며 먼저 떠나보낸 아들들을 생각하며 한탑 한탑 3000여 개를 26년여 동안 쌓아 올린 차순옥 여사의 정성이 단풍잎처럼 가슴에 와 박힌다.

돌아가신 어머니를 생각하며 어머니 공원에 돌탑을 쌓아 올릴 꿈 꾼다.

눈에 보이는 것은 돌, 돌, 어머니의 고향 곳곳을 찾아다녀도 돌은 보이지 않는다.

아버지가 돌아가시던 날 밤비가 억수로 내렸다. 영구차를 앞세우고 집에 들어서는 순간 놀라고 말았다. 집 앞 개울가에 호박돌이 가득 널려 있는 것이 아닌가?

순간 아버지께서 아들이 돌탑을 쌓겠다고 '돌 돌 돌' 해왔기에 돌아가시면서 돌탑을 실컷 쌓아 보라며 선물을 주셨다고 생각했다. 삼우제를 지내고 나서 지게를 지고 개울 돌을 한짐 두짐 져 올렸다. 하루에 몇 지게를 질 수 있는지 자신을 시험해 보기 위해 쉼 없이 지게를 졌더니 백 지게를 져 올릴 수 있었다. 총 1262지게를 져 올리며 건강한 육체를 주신 부모님께 감사했다.

기왕이면 부모님 고향 돌로 탑을 쌓고 싶어 백방으로 알아보자 부모님 고향인 진부면 상월 오개리에서 농사를 짓고 있는 분이 밭에 돌이 많아 농사를 짓기 어렵다는 소문을 듣고 찾아가 "밭을 만들어 드릴 테니 돌을 캐 갈수 있게 해주십시오."라고 하여 동의를 얻고 장비를 들여 밭을 만들어 드리면서 부모님 고향 돌 15톤 16차를 실어 올 수 있었다.

부모님께서 농사를 지으시면서 밭에 돌이 있으면 밭을 갈거나 장비 작업을 하기 힘들고 농사짓기가 어려워 부모님께서는 시간만 있으면 밭에 있는 돌을 내다 버리시느라 손발이 부르트시고 허리가 휘셨던 생각을 하며 한 개 두 개 쌓아 올렸다. 겨울 공사를 하여야 하여 눈보라를 온몸으로 맞으며 눈이 오나 칼바람이 부나 돌탑이라고는 한 번도 쌓아 보지 못한 서툰 솜씨로 돌탑을 쌓아 나갔다.

처음에는 어떻게 쌓아 올려야 할지 몰라 밀양에서 관광농원을 하면서 돌탑과 돌담을 쌓은 경험이 많은 후배에게 도움을 구하며 돌탑 속에 고무통을 넣고 쌓다가 아내가 나중에 무너지면 어쩌려고 그러느냐고 하여 고민 끝에 나중에는 요령도 생기고 하여 그냥 쌓아도 될 정도가 되었다.

부모님 공원을 조성하면서 자작나무를 개울길을 따라 4미터 간격으로 심었기에 자작나무 중간에 한탑씩 쌓으니 자작나무와 조화를 이루는 것 같았고, 아랫부분 직경이 220㎝ 정도, 높이는 250~300㎝ 정도로 쌓다 보니 높이 올라갈수록 쌓기가 어려워 사다리를 놓고 올려야 했으며 맨 위에 큰 돌은 사다리를 타고 기어 올라가 옆으로 돌려놓을 때는 다리가 덜덜거리며 돌을 안고 떨어질 수도 있어 아찔했던 적도 여러 번 있었다.

부모님께서 보살펴 주셨는지 손가락 하나 다치지 않고 허리 한번 삐끗하지 않은 채 긴 겨울 동안 눈도 별로 내리지 않아 구정 전에 어느 정도 쌓을 수 있었고, 혼자 힘으로 도저히 어쩔 수 없는 큰 돌 등은 삼발이를 세우고 체인블록으로 들어 올려 세레스에 싣고 이동하여 다시 도르래로 들어 올려 쌓을 수 있었고, 그래도 움직일 수 없는 큰 돌은 굴착기로 이동하여 왕돌 탑을 하나 쌓을 수 있었다.

바위솔 심으며

자그마하신 체구
자그마한 손발.

추위에도 강하고
무더위에도 강한

바위솔을 심은 날.
어머니가 그립습니다.

돌탑을 쌓으며

모정의 돌탑을 보며 다짐한다.
부모님 돌탑 쌓아보리라고
그렇게 부친이 숨져 가며
집 앞의 개울가 가득히
호박돌 선물로 주셨다.
삼우제를 지낸 직후
하루 100지게씩 쉼 없이
1262지게를 져 올렸다.
부모님의 고향 돌 15톤에 16차를
전답 만들며 현장에 실어 오고,
혼자서 서툰 솜씨로
눈보라 칼바람 맞으며
정성 다하여 돌탑 쌓아 올렸다.
부모님께서 돌보아 주시어
손끝 하나 다치지 않고
무사히 쌓을 수 있었음에 놀라움이다.

부모님 공원을 만들면서

부모님 손길 닿던 삶의 터
부모님 공원 만들어 대대손손
정신적 유산으로 물려주고 싶다.
흙을 받아 동산을 만들고
부모님 고향 돌 실어와
나무와 잔디를 심으며 단장을 한다.
온 가족이 시를 쓰고 서각을 하여 마음 모은다.
어머니의 길 정성껏 만들고
자작나무와 단풍나무를 심고
돌다리 놓고 돌계단 하나하나 쌓는다.
개울 돌 1262지게를 져서 올리고
정성껏 땀 철철 돌탑을 쌓는다.
멋진 바위솔 동산을 꿈꾸고
자연의 이법 거역하지 아니하고
부모님이 소중히 가꾸어 오신
소중한 가족의 터 잘 가꾸어
후손들의 꿈의 요람 꿈꾸어 본다.

칼산 돌탑공원 1

부모님 공원에다 피 멍든 손으로
그렇게 돌탑을 쌓다가
못내 아쉬운 마음에
돌이 지천으로 널려 있는 칼산에
돌탑을 쌓고 돌계단을 놓는다.

산중에 홀로 찾아
온몸에 비지땀을 쏟아내며
풀숲 모기떼에 뜯기며
그 나름의 정성을 다한다.

모친을 사모하는 마음
저 푸른 하늘 끝에 닿도록
돌계단을 밟고 오르고 오른다.

칼산 돌탑공원 2

돌이 지천이어서 밭은 돌밭이요.
돌 위에 돌 쌓아 올리면 돌탑이며
돌을 발걸음에 맞추면 돌층계다.

홀로 적막한 산중에 들어
땀을 철철 흘리며 돌을 옮긴다.
정성을 다하여 도道를 닦는다.

어머니를 그리는 생각에
돌계단 밟고 올라 한층 한층
하늘에 닿도록 돌탑을 쌓는다.

어머니 공원 조성일지

- 2014. : 우리 집 입구 천만 원 들여 조경석 쌓고 주목등 나무 심음.
- 2015. : 제방 쪽 자작나무 20여 그루와 전나무 5그루 심음.
  잣나무 15여 그루 베어냄.
- 2015. : 석축 쌓고 꽃잔디, 돌단풍 심음.
- 2015.11.23. : 어머니의 생신 때부터 만일보 쓰기 시작함.
- 2016. 3.12. : 김춘기님 만나 바위솔 공원 조성하려고 의논함.
- 2016. 4. 2. : 김서우 나무 심음.
- 2016. 4. 3. : 준서, 경민 나무 심음.
- 2016. 4.10. : 단풍 바위 공원 정비함.
- 2016. 4.12. : 산소 주변 노송 허리 부분 나무 둘레 잼(15번까지)
  조팝나무 4시간여 만에 113그루 다 심음.
- 2016. 4.15. : 어머니의 길 돌계단 만듦.
- 2016. 4.16. : 어머니의 길(고난의 길) 밧줄을 주형과 같이 맴.
- 2016. 4.23. : 바위솔 공원에 바위솔 심음.
- 2016. 5. 8. : 가족묘 펜스 페인트 칠함.
- 2016. 5.20. : 자작나무길에 코스모스 심음.
  집주변 방부 목에 오일스텐 칠함.
- 2016. 6. 1. : 제정자, 강유빈님이 어머니의 길 걷고 "어머니 시"
  손보아 줌.

- 2016. 6. 9. : 산림조합에서 더글라스 72만 원에 삼.
- 2016. 6.10. : 최금순 님 댁에 더글라스 갖다 드림.
- 2016. 6.23. : 최금순 "어머니 시" 교정, 혜송님이 서각을 하여주기로 함.
- 2016. 7.13. : 시목 표지목을 강호 공예사와 의논(임효석 100여 만원 후원)
- 2016. 7.14. : 주신 철물서 방부목 구입(560,000원)
- 2016. 7.16. : 김영철 박사와 어머니의 길 자생식물 조사(200여 종류 확인)
- 2016. 7.23. : 어머니의 길 중 숲속의 명상, 산책길에 시목 2개 세움.
- 2016. 9. 4. : '까치엄마' 시목 세움.
- 2016.10.13. : 엄창섭 시인의 "어머니의 교훈" 시목 가져와 세움.
- 2016.10.14. : 김선한님 집에서 분종 바늘꽃 옮겨 심음.
- 2016.11.20. : 단풍 바위공원 잡목 제거함.
- 2016.12.14. : 어머니 산소 제설작업 시작함.
- 2016.12.16. : 이태열님에게서 밭 돌 20여차 500만 원에 구입함.
- 2016.12.19. : 이선학 이장이 협조하여 최종성님이 흙을 무상으로 실어옴.
- 2017. 1.18. : 포크레인 흙펌. 덤프 4대 등 255만 원 지급함.
- 2017. 3. 1. : 아내가 효부상으로 받은 꽃다발 어머니 산소에 바침.
- 2017. 3.18. : 이건석님 잔디 560만 원 등 12,050,000원 견적 받음.
- 2017. 4.16. : 잔디 12t 1차 700여 평분 새벽 5:30~22:00까지 심음.
- 2017. 4.17. : 이태열님 장비, 인건비 530만 원 지급함.

- 2017. 4.19. : 야생화 풋말 680,000 지출함.
- 2017. 4.20. : 단지 100만 원에 구입.
- 2017. 4.24. : 어머니의 길 표석 글씨 씀.
- 2017. 4.29. : 고난의 길 밧줄 교체.
- 2017. 5. 6. : 어머니 공원 개원식 함. 40여 명 참석함. 드론 촬영함.
- 2017. 5.10. : 이진철님 분재 소나무 2그루를 이식함.
- 2017. 5.15. : 노무현 대통령님 기념 식목의 주목을 집으로 다시 옮김.
- 2017. 5.21. : 야생화 명찰 세워줌.
- 2017. 5.24. : 이희종님과 강일회원 내방.
- 2017. 5.27. : 예술시대 작가회 내방.
- 2017. 7.15. : 어머니 공원 수해복구 작업.
- 2017. 7.31. : 아버지 표석 완료.
- 2017. 8. 2. : 김병원, 전상호 부부내방.
- 2017. 8.19. : 서울대 AMP 75기 내방.
- 2017. 8.24. : 강원도 교육감 부인 등 교육장 부인들 내방.
- 2017.10. 2. : 단지 공원 내 배치.
- 2017.10.12. : 열린 도서관 샤시 통유리 공사함(100만원)
- 2017.10.15. : 아내의 다실. 만화 작업실 정리함. 250만원 입금.
- 2017.10.26. : 허동덕님 노무현 대통령의 봉황 의자 가져옴.

- 2017.10.30. : 어머니의 장독대 만듦.
- 2018. 3.17. : 노무현 대통령의 추모공원 담장 조성.
- 2018. 3.24. : 시서각 작품 오일 스텐 칠함.
- 2018. 4.15. : 어머니의 길 자작나무, 산목련 나무 등 식수(과일나무 등).
- 2018. 4.18. : 집마당 아스콘 깔음.
- 2018. 4.28. : 큰 밭 도로 시멘트 포장.
- 2018. 5. 9. : 눈개승마 식수.
- 2018. 5 13. : 저온 저장고 완료.
- 2018. 6. 9. : 어머니의 길 조성하다가 무리하여 종아리 근육 파열됨.
- 2018. 7. 8. : 산소 올라가는 돌계단 놓음.
- 2018. 7.21. : 비닐하우스 수막 설치하다 떨어져 발목 다침(깁스).
- 2018. 9.26. : 염수정 추기경과 형제 신부님들 내방.
- 2019. 1. 9. : 어머니 공원 내 성모님 동산 만들기로 함.
- 2019. 4.24. : 비를 맞으며 마로니에 20그루 식수.
- 2019. 7. 2. : 비닐하우스 주변 조경석 4차 실어옴.
- 2019. 7. 3. : 비닐하우스 완료(300만원).
  성모님 동산 유보하기로 함(아내의 권유로).
- 2019. 7. 6. : 조경작업 마무리 함(하우스 주변 760만원).
  비닐하우스 터 닦고 콘크리트 타 설비 830만원 지급함.

- 2019. 8.25. : 인스타그램 시작함.
- 2019. 9. 9. : 집앞 향나무 사다리 타고 직접 다듬음.
- 2019.10. 2. : 아버지 돌아가심(15:10 분경)
- 2019.10. 6. : 돌탑 쌓기로 하고 개울 돌 지게로 저 올림.
- 2019.10.16. : 하루 100지게 짐.
- 2020. 1.19. : 67호 돌탑 완료(1차 완료).
- 2020. 2.17. : 유투브 제작키로 이종호 님과 협의함.
- 2020. 3.29. : 불효자는 웁니다. 돌탑 유투브 촬영.
- 2020. 4. 5. : 대형 돌탑 장비로 쌓음.
- 2020. 4.10. : 집 앞 돌탑 쌓기 시작함.
- 2020. 4.23. : 80, 81호기 완성(1, 2차 돌탑 쌓기 완료함).
- 2020. 8. 9. : 83호기 돌탑 완성.
- 2020. 8.29. : 바위솔 공원 조성하기로 함.
- 2020. 9. 7. : 비닐하우스에 홍수로 흙물 들어옴.
- 2020. 9.13. : 바위솔 동산 돌탑 쌓기 시작함.
- 2020. 9.17. : 바위솔 돌탑 공사 완료.
- 2020. 9.18. : 바위솔 식재함.
- 2020.11.14. : 수해복구 작업 돌 5차 실어옴.
- 2021. 2.15. : 무너진 돌탑 다시 쌓음(여러 번 수시로).

- 2021. 8. 7. : 돌 4차 실어와 돌담 쌓기 시작함.
- 2021. 8.17. : 돌담 30여 미터 완료함.
- 2022. 9.15. : 큰 돌탑에 흙 채우고 바위솔 심음.
- 2022. 9.27. : 안반덕서 돌실어와 돌담 쌓기 시작함.
- 2022.10.23. : 30여 차 실어와 90여 미터 돌담 완료.
  어머니 시집 발간키로 함.

그루터기

[그루터기] [오후12:49] - 가치 있는 삶 - 어느 분에게 물었지요. 그 많은 일을 언제 하냐고요. 잠은 언제 자냐고요. 저에게 이렇게 말씀하셨지요. 잠이 오면 자고 깨어 있을 때는 생산적인 좋은 일을 이웃에 이로움을 드리는 메마른 대지에 새벽 단비가 스며드는 그런 사람이 되라고요.

[그루터기] [오후12:48] - 바위솔 농산 만들고 싶어요 - 목장 소나무 가지 자르다 공중에서 휘날리며 팽개쳐져 요추 3번 부서지고 나서 이제 젊은 날의 내가 아니었음을 더 이상 만용을 부려서는 안 되겠다는 나이에 걸맞은 비용을 적게 들이는 오래오래 생명체와 즐겨 놀 수 있는 많은 분께 즐거움을 드릴 수 있는 모진 생명력으로 왕성한 번식력으로 왕가뭄에도 죽지 않는 작은 얼굴로 수줍은 꽃대를 조용히 밀어 올리는 바위솔 동산을 꿈꾸어 보는 은퇴자의 꿈.

[그루터기] [오후12:48] - 이렇게 살고 싶다 - 120세까지 주변에 이로움을 드리는 삶 멋지게 살고 싶다. 살면서 주변에 도움이 안 된다는 생각이 들면 곧바로 사회적 활동을 접을 수 있고 더 이상 살 의미가 없다고 판단되면 내게 주어진 삶의 시간을 내가 스스로 정지시킬 수 있는 베토벤의 운명을 들으며 환하게 손을 흔들며 존엄하게 마감할 수 있는 삶.

[그루터기] [오후12:48] - 값진 인생 - 나 태어나 먼지 같은 소명 다 할 수 있기를, 살아가는 보통 사람들의 소박한 삶의 이야기를 많이 남길 수 있기를, 스키 역사를 조금이라도 더 정리할 수 있기를, 스키 역사관 올림픽 기념관에 스키인들의 혼을 불어넣을 수 있기를, 죽는 날까지 부모님께 편지를 드릴 수 있기를, 부모님 영혼이 살아계시는 삶의 터를 후손들에게 소중히 가꾸어서 물려줄 수 있기를, 내 삶의 원천이자 전부인 대관령을 아름답게 가꾸어 귀한 천년을 맞을 수 있기를...

[그루터기] [오후12:48] - 돌탑을 쌓으며 - 모정의 돌탑을 보면서 다짐하였다. 부모님 돌탑을 쌓아보겠다고. 아버지 돌아가시면서 집 앞 개울가 장광 가득 호박돌을 선물로 주셨다. 삼우제를 지내고 나서 하루 100지게 등 1262지게를 져 올렸다. 부모님 고향 돌 15톤, 16차를 옮겨 놓아 농토를 만들어 드리며 그렇게 실어 왔다. 혼자서 서툰 솜씨로 눈보라 맞으며 정성껏 쌓아 올렸다. 그렇다. 부모님께서 돌보아 주었기에 손끝 하나 다치지 않고 무사히 쌓을 수 있었으리라.

5부

어머니의 길

어머니의 약력

- 1951.10.25.

  51. 4월 할머니가 돌아가시고 6월 큰 이모님이 다니러 오셨다가 장질부사 걸려 일주일만인 6.22 사망하시고 혼수상태에 있던 어머니가 머리를 들고 일어나자 죽기 전에 시집이나 보낸다고 하여 혼인시킴.

- 1955. 인교 출생.

  제대로 먹지 못하고 젖이 잘 나지 않아 4살 때 걸을 정노로 가정형편이 어려움.

- 1958. 영교 출생. 용전초교 아버님 발령
- 1960. 혜영 출생. 거문리
- 1964. 횡계리로 이사

  집 팔은 돈 4,000원 중 2,000원 가지고 이사하자 800원으로 시작

- 1977. 영교 농사짓기 시작함. 안반덕 걸어 다니며 감자 농사지음.

  양 채류 작업 매일 함. 일하는 분들 배려하시면서 앞장서 일을 하였음.

  일하는 분들이 농산물을 가져오는 등 관계가 좋았음.

  모종 키우느라 양목장까지 몇 번씩 걸어 다니면서 모종 키움.

어머니의 생애

- 체면이 많아 매사에 신중하게 처신하심.
- 친척, 이웃 간에 배려하고 이해하여 원만하심.
- 머리가 뛰어나 기억력이 좋으며 품값 계산이나 짝짐 계산도 한 번 어긋나지 않음.
- 준비성이 많아 단 한 번도 끼니를 놓친 적이 없음.
- 파종 시기나 영농에 관하여 빈틈이 없음.
- 빈틈만 있으면 콩, 팥, 깨 등을 심어 매 가꾸어 오심.
- 개간할 때 하루에도 몇 번씩 식사를 나르느라 머리가 빠질 정도였음.
- 자녀들 손자들 학비 등 고비 때마다 해결해 주심.
- 영농자금 등을 친척들에게 부탁하여 조달하였음.
- 할아버지 4분 중 막내 할아버지 손으로 6남매 중 셋째로 태어남.
- 공부를 못한 것을 평생 한으로 여기며 사심.
- 꿈을 용하게 맞추어 큰일 때마다 경험하심.
- 인교형 인솔로 중국 여행 다녀오심(외가집 가족), 금강산 여행. 인재형 인솔로 태국 여행 다녀오심.
- 효석, 정훈 등 조카들 따듯하게 대해주심.
- 어려운 형편 때문에 찬 냉방에 이불 덮고 앓으시던 모습 선연함.

- 평생 따뜻한 생신 한 번 대접 받지 못함.
- 큰 아범에게 생활비를 부치되 며느리가 알게 부치도록 하라 하심.
- 부인이 군수를 해야 하는데 라는 얘기 들음.
- 할아버지가 아편을 하여 단속 나오나 망을 봄.
- 체면이 많아 아이들이 배고파 칭얼거려도 풍족한 친정에 신세 안 지려고 함.
- 용강동 할머니와 여행 갔다 오나가 대화에서 넘어져 돌아가신 것이 마음에 걸림.
- 친척 자매들은 많이 배우는데 학업을 안 시킨 부모에게 섭섭한 마음 많음.
- 혜영 우울증으로 걱정 많이 하심.
- 김경래씨와 산판 허가 문제로 둘째 외삼촌이 와서 혜영이를 업고 둘러보는 등 노력하였으나 경래씨 차지가 되어 속상해하였음.
- 형편이 어려워 배추 작업도 다녔음. 함바집 운영, 스키꾼 받음
- 외숙모님들하고도 친형제처럼 잘 지내심.
- 대모이신 루시아 할머니를 따라가 잘 지내심.
- 이웃 할머니들과 친교를 나누며 가까이 지내심.
- 일하시던 분들께도 늘 베푸시며 지냄.

- 전화도 안 받는 큰 며느리 때문에 속 많이 상함.
- 진악 엄마 등 시댁 식구들 누구하고도 절친하게 지냄.
- 방문한 집안 분들 채소, 감자를 주는 등 후하게 하심.
- 눈이 좋지 않음.
- 주영 결혼하겠다는 얘기를 듣고 크게 실망하시면서 눈물 흘리심.
- 아버님 뱀 고아 드림.
- 형 중학교 입학금 마련하느라 애씀.

"시장서 듣는 郡民들의 삶 남편에게 전달"

초대 민선평창군수 부인 林金鎭씨

○…오랜 관료생활에서 풍겨오는 너넉함이 금세 친근함으로 다가서는 초대민선 [illegible]평창군수 부인 임금진씨(林金鎭·60). 진부면 상월오개리 같은 마을에 살던 동갑내기 부군을 만나 결혼한 것은 스무살 나이. 가까운 친지의 중매에 의해서였다. 연애를 하면 큰일나는 줄 알았던 시절. 서글서글한 눈매와 첫인상이 무척 강인해 보였다는 활달한 성격의 김군수에게 그리 부유하지 않은 농가의 5남매중 둘째로 곱게 자란 임금진씨는 역시 가난했던 안동김씨의 종손 맏며느리. 지극히 평범한 농부의 아내가 되기를 주저하지 않았다.

◇검소함이 몸에 배어있는 林金鎭여사. 가끔 아들내외가 있는 횡계에 들르기 위해 3시간 가량의 버스여행을 마다하지 않는다.

그림자 내조로 책임있는 안주인 채비
여성 적합한 사회복지분야 활동 주력

결혼 2년후부터 시작된 12년의 교사생활, 목장일을 겸한 농부로서 땅내음 향내삼아 살아온 25년의 세월. 그리고 축협조합장으로 거듭난 김군수와 늘 함께하는 삶의 동반자로 그림자 내조를 해온 임씨는 그동안 별탈없이 자녀교육과 가정생활을 유지할 수 있었던 힘을 모든 일에 열정과 소신을 갖고 적극적으로 추진한 김군수의 강인한 성품으로 평가했다.

부부가 농사일로 밤낮없이 바쁜 생활속에서 남다른 교육관이 있었던건 아니지만 「야망을 가져라. 최선을 다해라」라는 가훈을 늘 머릿속에 그리며 작은 일에도 열중할 수 있는 자세가 일상생활을 풍요롭고 인생을 진지하게 살 수 있도록 만들어 주었고 어려서부터 모든 일들을 스스로 판단하고 제 손으로 해결해 낼 수 있는 힘을 길러준 것이 힘든 자녀 교육에 큰 보람이 되었다고 한다. 그래서인지 2남1녀의 자녀들은 훌륭하게 자라 이제는 자신의 분야에서 확고한 위치에 올라있다.

큰 아들 인교씨(仁敎·41)는 삼성전자의 부장으로 있고 작은 아들 영교씨(永敎·38)는 채소류를 주작목으로 하는 대규모 고랭지 농업에 종사하고 있으며 외동딸 혜영씨(惠英·36)는 육계중학교에서 교편을 잡고 있다.

서글서글한 외모, 강인한 성격과 요즘 사람답지 않게 예의바르고 대인관계가 원만하다는 평을 듣고 있는 작은 아들 영교씨가 아버지인 김군수를 쏙 빼닮았다며 아들자랑겸 남편자랑을 한다.

요즘 임금진씨는 관사와 본가를 오가며 바쁘게 생활하고 있다.

단둘이 살아보기는 신혼이후 처음인 호젓한 관사생활이 이전과 비교해 크게 달라진 점은 없지만 믿음직스런 작은 아들 내외와 사랑스런 손주가 있고 그리운 얼굴들이 있는 횡계에 가끔 들르기 위해 왕복3시간 가까이 소요되는 거리를 버스로 여행하는 것과 시장에 나가 장바구니에 고이 담아온 군민들의 진솔한 삶의 얘기를 업무를 마치고 돌아온 김군수에게 쏟아놓는 것이 즐거운 하루의 일과가 되어 버렸다.

「앞으로 우리나라는 축적된 경제력에 힘입어 사회복지에 더 많은 힘을 쏟게 될 것입니다. 특히 이 분야는 여성들의 성향과 잘 부합되기에 사회활동의 경험이 풍부한 여성단체 여러분들의 협조와 도움을 얻어 사회의 어두운 구석구석을 환하게 밝혀 보고자 합니다.」

나름대로 사회활동의 포부를 밝히는 임금진씨는 어느새 한가정의 아내, 어머니라는 울타리를 벗어나 점점 농업군의 책임있는 안주인이 될 채비를 단단히 하고 있었다. <平昌=黃[illegible]기자>

사랑하는 어머님 상서

어머니께서 병원에 입원한 지도 열흘이 넘었다. 다행히 특별한 이상은 없다고 하며 폐렴 증세와 치매 증상이 경미하게 감지된다니 얼마나 감사한지 모르겠다. 아버지는 얼마 전 오셨다가 의사 선생님하고 다투다가 가셨다 하니 안타까운 일이다. 이제 며칠 후면 퇴원을 하셔야 하는데 이모님이나 외삼촌은 우리 집에 들어가면 돌아가실 것 같이 불안하여 어떻게든 달리 방법을 찾아보라고 하시나 아무리 궁리해도 묘안이 떠오르지 않는다.

어머니가 병원에서 계시는 동안 나도 모처럼 어머니와 시간을 함께할 기회라 생각하고 특별한 일 이외에는 병원에서 어머니와 함께하는 시간을 택했다. 내게는 이 시간이 즐겁기만 하다. 오늘은 어머니가 답답해하실 것 같아 콧바람 쐬러 강릉에 나갔다. 경포 호수 바닷가를 지나 주문진 시장에서 생선 한 마리라도 더 팔려고 노력하는 삶의 현장을 보여드리고 전복죽을 한 그릇 시켜 드리니 맛있게 드시는 모습이 보기에 참 좋다. 어머니를 모시고 다니면서 과연 어머니 인생에서 즐거웠던 시간은 얼마나 있었을까 생각해 보니 가뜩이나 근심 걱정이 많은 분인데 끊임없이 발생하는 수많은 일로 항상 수심이 차 있던 모습만 떠오른다. 참으로 어머니의 삶이 몹시 서럽다는 생각이다.

또 한편 굳이 즐거웠던 순간들을 찾아내 보니 어머니 형제분들과 함께 중국과 태국 여행을 다녀온 것, 손자들이 할머니를 챙겨드릴 때가 유일했던 것 같으니 항상 마음과는 달리 바쁘다는 핑계로 챙겨드리지 못한 내 잘못인 듯하여 마음이 아리다.

그렇게 어머니의 꿈은 집안에 큰일이 있을 때마다 적중하여 한 번도 틀린 적이 없다. 아버지가 군수 선거에 출마하였을 때 꿈에 짐을 가득 실은 화물차가 상월오개리 고갯길을 힘겹게 오르더니 갑자기 반력을 받아 언덕길을 무난히 올라가는 꿈을 꾸었는데 개표 결과 진부까지 지고 오다가 상월오개리 개표소부터 몰표가 쏟아져 나와 대관령면에서 압승을 거두었으니 실로 놀랍다. 또 아버지가 첫 번째 구속이 되었을 때 여덟 골의 물줄기가 쏟아져 나오는 꿈을 꾸셨는데 결국 그 사건은 여기저기서 이장님들을 중심으로 하여 순식간에 13,000여 분의 진정서 서명을 받아 내 아버지의 구속 사건이 겨우 해결이 된 적도 있었다. 아쉬운 것은 어머니께서 내가 몇 년 이내에 큰 성공을 하리라는 꿈을 꾸셨다고 하여 큰 뜻을 품었다가 실패한 일이다. 그 후에 다른 꿈을 꾸셨는지 여쭈어보아야겠다. 어쨌든 어머니의 꿈은 이상하리만치 신통하였으나 미리 얘기하면 천기누설이 되는지 어긋난 경우가 있지만, 나중에 사건이 종료되면 들려주던 어머니의 꿈 이야기는 어김없이 효험이 있었다.

어디까지나 또 어머니와 관련된 이야기를 회상해본다. 어김없이 찾아오는 명절은 으레 헤어졌던 가족들이 모여 제사를 지내고 음식을 나누며 정담을 나누는 것이 당연지사인데 웬일인지 우리 집의 명절은 항상 그늘지고 어둡기만 하였다. 이상하리만치 명절만 다가오면 아버지의 기분이 상해지고 집에 들어오지도 않고 바깥으로 돌면서 언제부터인가 자식들이 아예 발길을 들여놓지 못하게 하셨다. 아버지가 군수 관사에 계실 때 형님 가족들이 추석 명절에 왔다가 쫓겨나던 일이 지금도 생생하며, 이후 10여 년 동안 이 같은 분위가 이어졌고 한 해의 시작인 설날조차도 자식들이 마음 놓고 세배 한 번 못 하는 분위기를 만드셨으니 자식을 기다리시던 어머니의 속은 얼마나 새카맣게 탔을지 짐작이 간다. 형수도 시집온 이후로 호랑이 같은 시아버지 때문에 모처럼 시댁에 오는 날이면 출발하는 서울로부터 가슴이 두근거리고 머리가 아파왔다니 참으로 안타까운 일이 아닐 수 없다.

그와 같은 정황에서 모친 형제분들이 건강이 그다지 좋지 않아 어머닌 늘 걱정 하셨다. 군 농협에 다니며 잘나가던 둘째 외삼촌이 돌박이 자녀들을 두고 지병으로 세상을 떠나셨으며 방학이면 조카들이 의지할 곳 없이 고모 집을 찾아올 때 마음 놓고 반기지를 못하셨으니 얼마나 가슴이 미어지셨을까? 이모도 젊을 때부터 건강이 좋지 않아 어쩔 수 없이 투병 생활을 자주한 편이었다.

사랑하는 나의 어머니는 체면을 중하게 여기는 분으로 사려 깊고, 상대방을 배려하고, 겸손하게 80여 성상을 살아오시며 향기 머금은 일송정같이 살아오신 나의 어머니! 어떤 어려움에도 굴하지 않으시고 오뚝이 같이 가정을 지켜 오시고 늘 건강하시어 자식들에게 걱정 한번 안하게 하였는데 그 어머니가 가슴 아프게도 지금 병상에 누워 링거를 맞고 있다.

나의 기억에 항상 모친은 너무 어려운 일들을 겪으면서도 천성적으로 고통을 감내하며 하늘이 무너지는 충격을 잘 견디시며 꿋꿋하게 가정을 지켜왔다. 어머니는 진부면 상월 오개리의 임성장, 김연식 가에서 6남매 중 둘째딸로 태어났다. 비록 부유한 집이었지만 딸을 학교에 보내지 않는 부친의 완고함으로 못 배운 서러움을 평생 안고 살아왔다. 어머니는 집안일을 무척 잘 하셨다. 길쌈을 하고 베 짜는 솜씨가 뛰어나 동네에 소문이 자자하였다. 그런 어머니는 외할아버지께서 집안일을 돌보시지 않고 아편을 하여 왜놈의 감시자가 집에 찾아올 때는 감시병 역할도 톡톡히 하셨다.

특히 운명적인 만남이지만 이웃에 살던 아버지와 결혼하여 큰아들 인교를 낳았는데 먹을 것이 마땅치 않아 젖이 나지 않았고 젖을 충분히 먹지 못한 바람에 허약하여 네 살 때야 겨우 걷는 큰아들을 업고서는 안도의 가슴을 쓸어내렸다. 또 한 번은 쓰레기 국을 먹고 체한 큰아들이 새카매지며 혼수상태에 빠져들자 아들을 들쳐 업고 의원 댁을 찾아가다 때마침 마실 갔다 돌아오는 의원을 만나 목숨을 살렸던 일이 있었다. 친정은 부유하게 살아 먹을 것이 많았지만 구걸하지 않고, 내 가족은 내 힘으로 부양한다는 마음으로 이것저것 닥치는 대로 일거리를 늘 찾아서 하였다. 가을철이 되면 집 앞의 누런 낱알은 익어 황금물결을 이루는데 먹을 것이 없어 주린 배를 움켜잡아야 했던 새댁의 심정을 누가 알 수 있을까?

그렇게 시골의 교사인 부친은 월급봉투를 한 번 집에 가져오지 않을 정도로 가정사에 무관심한 분이어서 마음고생이 심했으며 그런 아버지의 군대 면제를 받기 위하여 친정에서 가져온 송아지 몇 마리를 팔아 없애야 하셨다. 아버지의 부임지를 따라 용전리, 도돈리를 전전하면서 살아남기 위해 발버둥을 치셨으니 그 노고가 얼마나 심했을까. 내가 일곱 살이 되던 1964년에 아버지를 따라 횡계로 이사를 하는데 당시 쌀 두어 말 되는 집 팔은 돈이 재산 전부였다. 완행버스를 타고 횡계초 다리 머리에서 내리다 짐을 다 내리기도 전에 버스 기사가 출발한 바람에 버스 난간 대를 잡고 매달려 다리 건너까지 가서야 짐을 모두 내릴 수 있었던 일은 오랜 시간이 지난 지금에도 잊을 수가 없다. 한때는 사방 9자 방 1칸에 다섯 식구가 칼잠을 자며 지내야 했었다. 부엌도 마땅치 않아 내걸이를 걸어놓고 매캐한 연기를 마셔가며 식사를 해결해야 했으며 문중 땅을 개간하느라 인부들 밥을 이고 머리가 벗겨지도록 종종걸음을 옮겨야만 했다. 당시만 해도 혜영이가 대여섯 살인지라 아이를 업고 밥을 이고 물통을 들고 집에서 출발하셨는데 또바리로 열기가 나고 팔이 떨어져 나갈 지경이 되어도 중간에 내려놓을 수가 없어 어떻게든 밭에까지 이고 먼 길을 가야만 하였다. 이처럼 바쁜 걸음을 옮기다 양소위 외나무다리에서 미끄러지는 바람에 물에 떠내려가는 아찔한 순간도 있었다.

각론하고 군대를 갔다 오지 않은 교사들이 5.16혁명 직후에 공직에서 물러나야 하는 바람에 공직에서 물러나신 아버지 때문에 더더욱 사는 게 어려워져 스키꾼들에게 민박을 치고 횡계초 공사판 사람들의 밥을 해주며 배추 작업에 가야만 했던 절박한 순간도 있었다. 그러다 아버지가 복직되었지만, 동료 여선생과의 스캔들이 생겨 교직을 결국 그만두어야 했을 때의 마음고생은 어찌 감당할 수 있었을까. 농사일만 벌여 놓고 등한시 하는 아버지의 성격 때문에 그 많은 농사일도 손수 할 수 밖에 없었다. 또 감자 수확을 하여 비가 오면 덮을 것이 마땅치 않아 허리가 휘어지도록 처마 밑에 쌓느라 죽을만큼 애를 먹어야 했으며, 배추 장사 하신다고 김해로 간 아버지가 망해버려 집에 돌아올 차비마저 없어 쌈짓돈을 꾸리고 가 아버지를 데려오던 일은 또 어떠했을까. 당장 집을 팔아먹을 상황인데도 아버지 건강을 챙기시느라 구렁이, 살모사 2 단지를 사 오면 장작불에 징그럽다 않으시고 뱀을 고아 아버지께 다려 드리던 모습이 지금도 눈물겹다.

어디까지나 형이 경포중학교에 합격이 되었을 때도 학비가 없어 재수시켜야 하는가를 고민하던 모습, 겨울이면 노름으로 일관하시는 아버지의 모습과 아랫목에 이불을 뒤집어쓰시고 고민하시던 어머니의 모습이 순간 떠오른다. 최종학 선생님 댁에서 일 년을 셋방 살다 현주네 집으로 이사를 하고 미현이네 집 뒤에 터를 얻어 집을 짓던 중 혜영이와 잠을 자다 책상에 불이 붙어 혼비백산하여 불을 끄던 일, 부모님이 차항에 농사일을 하다 어두워져도 오시지 않으면 혜영이 손을 잡고 하나에서 백까지 또다시 천까지 손가락을 꼽으며 세면서 목이 빠지도록 기다리던 일들은 또 어떤가. 지금 생각해 보면 다 그리운 모습이지만 어머니에겐 힘든 삶의 나날이었음에 틀림이 없다.

아득한 기억의 저편이지만 어느 날인가 형이 학교에서 도시락통을 안 가져왔다며 캄캄한 밤에 돌려보내 가져오시게 호통하시던 아버지를 발 동동 구르며 바라볼 수밖에 없던 어머니. 아버지가 무서워 꿈속에서 두 손을 빌며 용서해 달라고 헛것을 보던 둘째 아들 영교의 안타까운 모습도 그저 눈물로만 바라봐야만 했던 어머니. 먹을 것이 떨어질까? 또 자식들 학비 보태 쓸까? 꼬불쳐 놓은 쌈짓돈을 노름 밑천 내놓지 않는다고 다그치는 아버지 앞에 고양이 앞에 쥐처럼 오들오들 떨며 견디시던 어머니의 모습, 그 앞에 아버지는 늘 폭군처럼 군림하셨다. 오죽하면 어린 인교 형이 아버지에게 노름하지 말라고 대들다 얻어맞기까지 하였다.

이처럼 우여곡절 끝에 형은 경포중학교에 진학하고, 어린 나이에 가족과 떨어져 살아야 했던 형은 대관령을 바라보며 눈물로 지새우고 계실 어머니 생각에 한없이 눈물을 흘리며 살았다. 둘째 아들 영교 또한 신문 배달을 하며 집안일을 도운 탓인지 아버지께서 가정형편 생각을 하지 않으시고 강릉으로 전학을 보내주어 강릉으로 외학을 떠났다. 기실 그때가 우리 가족에겐 가장 힘든 시기였다. 또 어느 날인가. 상권이 아버지 빚을 갚지 못해 집을 넘기고, 우리 가족은 다시 셋방살이를 시작했다. 그 바람에 겨울 방학을 하여 집에 올라왔으나 내 집을 알지 못해 물어물어 찾아가던 아픔은 지금껏 남아있다. 워낙 가정형편이 어렵다 보니 형은 빨리 돈을 벌겠다며 삼척공전에 진학하여 아르바이트로 학비를 충당했으며 학비를 제때 못내 입학이 취소될 뻔하여 정정하여 정원이 오버하는 촌극을 겪기도 하였다. 이런 어려운 와중에도 혜영이까지 강릉으로 진학하자 학비며 하숙비를 보내느라 어머니는 수 없는 고초를 겪어야 했다. 또 둘째 영교가 성적이 지지부진하고 일하는 것을 좋아하여 대학 진학을 포기하자 3남매 대학 졸업을 시키는 것이 소원이셨넌 부모님께서는 무척 섭섭해하였다.

그동안 농사일에 벅찼던 어머니께서는 모종 돌보기, 김매기, 작업하기, 밥해주기 등 여자로서는 도저히 감당하기 어려운 일들을 허리가 휘어지도록 할 수 밖에 없었다. 지르메 밑에 밭이 있었는데 왕복 6Km 나 되는 거리를 모종을 돌보기 위하여 종종걸음을 옮겨야 했으며 비가 억수로 쏟아져 내려도 양상추 박스를 머리에 이고 번개처럼 날라야만 했다. 또 한번은 내가 농사를 시작하면서도 달라진 것은 별로 없었다. 눈이 채 녹기도 전인 3월 초에 당시 우리 땅이라고는 하나도 없었던 탓에 미현네와 어울름 농사를 지었는데 대나무 하우스를 짓고 비닐을 씌우고 3월 말에 양상치, 샐러리 씨앗 등 모종을 키우기 시작하였다.

특히 1977년 그해는 안반덕에 감자를 심게 되었는데 거리가 멀어 한번 가면 며칠씩 먹고 자면서 감자를 다 심어야 내려올 수 있었으며 농작물 관리도 수십 리를 걸어 다녔다. 설상가상으로 내가 농사일로 접어들자 아버지는 동료와 같이 골재채취 사업을 한다고 돈을 빌려 농사일은 거들떠보지 않고도 사업을 하더니 집에 돈 한 푼 가져오지 않고 고스란히 빚만 안기고 말았다. 그때 모친의 심정은 얼마나 고통스러웠을지 도저히 상상이 안 간다. 그래도 밤을 낮 삼아 호명으로, 안반덕으로 다녔기에 그나마 젖소 송아지 5마리를 입식하였고 대지 82평과 초지 3만 평을 살 수 있었으니 얼미나 어머니가 피땀을 흘려가며 일 하셨을지 마음이 못내 쓰리다.

또 그렇게 우리는 처음으로 토지 등기를 갖게 되었다. 그날의 기쁨은 대단하였다. 그러나 젖소가 있어 일거리는 가중되었고 풀베기 또한 큰 일거리가 되었다. 78년에 진부에 토마토를 심고 감자를 심는 등 일의 영역을 넓히자 내가 일을 하는지 일이 나를 끌고 다니는지 일의 노예가 된 듯하여 고통스럽기도 하였지만, 마음으로 어머니를 앞세우고 종일 뛰어다닌 보람이 있어 어느덧 소가 30여 마리로 늘었고 땅도 5,000여 평을 살 수 있게 형편이 나아지는 기쁨도 맛보게 되었다.

모름지기 5월 말부터 시작한 양상치, 샐러리 등의 작업이 10월 초까지 이어졌는데 비가 오나 눈이 오나 토요일을 빼고는 단 하루도 쉴 수가 없었고 목장 일까지 가중되자 나와 어머니는 눈코 뜰 새가 없었다. 그러나 머리가 비상한 어머니는 육묘와 김매기 작업 등 컴퓨터가 무색할 정도로 철저히 하나하나 처리해 나가셨다. 그 많은 작업 물량과 인건비 정리를 어머니 나름대로 하시는데 한 번의 실수도 없으셨으니 젊은 나도 감탄할 수밖에 없었다. 이처럼 모친은 정말 대단한 정신력의 소유자이셨다. "부모님께서 공부를 제대로만 시켰더라면 뛰어난 학자가 되셨을걸." 하는 이야기는 주변으로부터 종종 들었다.

또 한편 강단이 대단하여 그 많은 일을 싫은 내색 한 번 않으시고 손수 처리해 나가셨으며 집안 대소사에서 늘 인정을 베풀고 협력을 잘하고 상대방을 이해하고 존중하며 내가 손해를 보는 한이 있어도 남에게 상처를 절대로 주지 않으셨으니, 이 아들 눈에는 어머니만큼 완벽한 삶을 사신 분은 없는 것처럼 보인다. 내가 군대 입대하는 날, 새벽까지 젖을 짜며 일하시는 바람에 떠나는 아들 배웅도 제대로 못 해 눈물지으신 어머니! 첫 휴가 때 칼바람 소리 매서운 축사 방에서 못난 아들 사진 펼치고 아들 걱정하던 그 어머니의 모습을 어찌 쉽게 잊겠는가.

또 병상에 누워 계시는 어머니를 잠깐 벗어나 눈 내리는 깊은 새벽 어머니의 삶을 생각하자 눈물이 복받쳐 오르고, 존경심과 파란만장한 삶을 살아오신 어머니에 대한 한 맺힘에 가슴이 더더욱 미어졌다. 가족을 위해 태산이 무너지는 충격과 끊임없이 이어지는 아버님의 횡포와 매

정함에 몇 번이고 쓰러지고 좌절하면서도 항상 당신은 마음 굳게 사시어 3남매에게 힘과 용기를 불어넣어 주셨다. 밭 가에 고추 한 포기 콩알 하나 옥수수 씨앗 하나 소중히 여기시고 뿌려놓아 매 가꾸시고 철마다 이웃들을 위해 베풂의 삶 사시는 믿음은 성자의 삶 자체였다. 둘째가 군에 가 있는 동안 어머니가 겪었던 고생은 또 어찌 말로 다 할까? 초지를 옮기고 산골짜기에 축사를 짓고, 감자 농사가 잘 안되고 용산 밭 정리하다 장비 대금을 주지 못하게 되어 세상의 모든 것 얼려 버릴 것 같은 매서운 겨울밤 어린 아기를 업고 대금을 받으러 온 기사 부인을 맨손으로 돌려보낼 때의 심정은 또 오죽했을까?

또 한편 첫째가 결혼하려고 약혼녀를 데리고 왔을 때 축사 방에 사시는지라 소똥 냄새에 코가 썩는 줄 알았다고 하는 얘기와 서울 며느리를 축사에서 어떻게 보느냐는 동네 분들의 비아냥에 가슴이 미어지지 않으셨는지. 그런 어려운 와중에도 아버지는 늘 이방인이었다. 강릉으로 외지로 춤이나 추러 다니면서 어머니를 학대하고 자기만 잘난 척하는 정말 형편없는 남편이었다. 어쩌면 가족에게 해서는 안 될 일은 하나도 빼지 않고 찾아서 하시는지 신기할 정도였다. 평생 아내를 무시하고 깊은 상처를 주고 이혼하자는 등 일일이 거론하기 힘들 정도의 말도 안 되는 언행에 모친의 총기는 점차 흐려지고 아무리 강한 정신력의 소유자도 무너져 내릴 수밖에 없었을 것이다.

특히 이번만 하더라도 당신은 몸에 좋다는 것은 다 달여 놓고 드시면서도 치료하는 어머니의 약 종류가 많다고 병원 의사 선생님에게 따지셨다고 하시니 말로 해서 무엇을 하겠나. 커다란 체격에 엄청난 완력의 소유자인 아버지가 힘을 잃은 참새 같은 어머니에게 폭행한 이후에 갑자기 기력을 잃은 것도 너무나 마음이 아프고, 입원한 이후에 의사 선생님을 찾아와 아프고 싶으면 이파하는 꾀병이라고 하여 진찰해야 하나를 고민하게 한 몰염치하고 상식 이하의 부친은 안타깝게도 평생을 모친을 못내 힘들게 하신 분이었다.

내가 군 제대를 하고 재산이 조금씩 늘어나고 집을 짓는 등 비교적 생활에 안정을 찾아갔지만, 아버지의 허황한 꿈이 또 어머니를 힘들게 하였다. 축협 조합장 선거에 나가서 당선되자 아버지는 더욱더 안하무인이 되었다. 집안일은 돌보지도 않고 큰소리만 치고 돈을 물 쓰듯 하여 본인만 잘나가는 사람이 되자 어머니는 더욱더 초라해지고 사람대접 받지 못하게 되었다. 계속 이어지는 조합장, 도의원, 군수 선거에서 우리는 어려우면서도 인간 대접을 받지 못하면서도 늘 아버지를 따라갈 수밖에 없었고 아버지는 더욱 기고만장하여 어머니를 철저히 무시하셨다. 우리 집에 개를 두 마리 키웠는데 한 마리가 힘이 세어 약한 개를 괴롭히자 나중에는 힘센 개가 으르렁거리기만 하여도 약한 개가 오줌을 싸며 꼼짝 못 하는 광경을 목격했는데 어머니가 바로 그런 모양새였다.

뒷날 아버지가 초대 민선 군수로 계시는 3년은 감옥살이 그 자체였다. 어머니께서 급기야 원주기독병원으로 또 서울정신병원으로 전전해야 할 정도로 극도로 심신이 쇠약해지셨다. 그 강한 의지로도 극복할 수 없었다. 명절이면 어김없이 바깥을 전전하거나 가족 모두 쫓아내는 등 가족들에게 다가설 수 있는 곁을 주지 않아 정초에 세배 한 번 못하고 사랑하는 가족들 얼굴 한 번 못 보는 인간 이하의 생활하는 와중에서도 자식들을 위해 여태까지 견디어주신 어머니, 그 어머니께 끝없는 감사와 존경을 드린다. 아버지의 두 번에 걸친 옥고는 또 얼마나 어머니를 힘들게 하였을지. 연일 매스컴에 보도되고 임기 3년 동안 2번이나 구속되는 남편을 보며 어찌 힘들지 않으셨을까. 지금도 생생히 기억난다. 아버지가 첫 번째 구속이 되고 하늘이 무너지는 아픔을 간직한 채 용산 상추밭에서 비닐 멀칭을 하다가 내 실수로 들고 있던 관리기로 어머니의 이마를 건드리는 바람에 어머니 이마에서 솟구쳐 올라오던 붉은 핏줄기를 전 지금도 잊지를 못한다. 얼마나 놀라고 고통스러웠는지….

또 그렇게 세월이 흘러 얼마 전이었다. 부엌문을 잘못 열고 나가신 어머니가 갑자기 돌풍이 불어 순간적으로 문이 닫히는 바람에 추운 날씨에 바깥에서 떠시다가 견디지 못하고 70대 노인네가 2층에서 뛰어내린 사건이 있었다. 겨우 기어서 집에 들어오셨지만, 자녀들이 병원에 가시자고 하여도 괜찮다며 한약만 지어 드시던 어머니. 어느 것 하나도 안쓰럽지 않은 것이 없다. 그런 다음부터는 별 취미가 없으시던 어머니였지만 즐겨 가시던 옆집에도 출입 못 하게 되시자, 가까이 지내시던 이웃 아주머니들이 어머니를 보고 싶다고 하여 내가 노인 회관에 모셔 드렸다. 바쁘다는 핑계로 모셔 올 생각도 못 하다가 알바 학생들을 태워주려고 시내로 나오다 얼음판 위에서 제대로 걷지도 못하시고 제자리를 맴돌고 계시는 어머니를 본 순간 마음이 미어지는 아찔함을 느꼈다. 이렇게 우리 어머니가 무너지시는구나. 불쌍한 어머니! 무정한 자식들, 남편 사랑 한 번 받아 보시지도 못하고 무너지신다는 생각에 가슴을 쳤다.

무엇보다 이 새벽 두 손 모아 감사의 기도를 드립니다. 구정이 지나고 병원에 굳이 안 가겠다는 어머니를 주형 엄마가 병원에 모시게 되었고, 큰아들은 기력이 없어진 어머니를 두고 떠나며 말없이 눈물을 흘려야 했지만, 당신은 가족들의 기대를 결단코 저버리지 않았습니다. 다시 오뚝이처럼 기력을 회복해주셨습니다. 그동안 가족들만을 위해 살신성인 하셨으니 이젠 당신만을 위해 생활해 주십시오. 평생을 흠 한번 잡히지 않으시고 상대방을 배려하고 이해하며 겸손하고 조용한 가운데 참삶을 실현해 오신 자랑스러운 나의 어머니, 사랑합니다! 존경합니다! 남은 삶 오로지 당신만의 삶을 살아주시기를 희망합니다. 가족들 사랑받으며 오래오래 건강하시고 행복한 삶 살아가도록 저희 또한 노력할 것입니다.

꽃다지

지천에 흐드러져 있어
무심히 보아온 노란 얼굴

애정을 담은 눈에는
소중한 모습으로 가슴에 안긴다.

꽃잎은 다닥다닥 엉겨 있어서
봄바람에 섞여서도
온 들판을 수繡 놓으니

땅 하고 가장 가까운 자만이
볼 수 있는 들꽃
낮은 자만이
만질 수 있는 아가 꽃

아득히 꿈처럼 어릴 적
옆집 순이 닮은 맑은 꽃
순하디순한 우리들의 꽃
순이 꽃, 꽃다지

까치 엄마 1

아득한 기억 뒤의 50여 년 전
파란 눈의 천사가 꽃비 되어 내려와
작은 천국을 이루어 놓은
갈바리 병원.

또 하나의 작은 천사로
고난의 십자가 내려놓고
평안히 누워계신 그 병상.

이제야 못난 아들 녀석
아린 눈 들어 하늘을 응시한다.

아득히 높은 고사목
세월의 중압감에 삶의 비늘 털어낸
초췌한 그 어깨 위에
낡은 까치집 하나 달려 있다.

빈집인가 또다시
흐린 눈 들어 바라보는데
어린 새끼를 보듬으러
날아온 어미 까치,
허공 한 번 돌다 내려앉고

병상에 누워계신 우리 엄마
새끼들 손자들
엄마 사랑 그리워 입 벌리고 있는데
이제 떠나면 언제 오실지.

불사조 되어
새끼들 챙겨주시길
까치 사랑, 우리 엄마다.

평생 사랑
물어다 주실
우리 엄마.

까치 엄마 2

강릉 갈바리 병원
키 작은 고사목 한 그루 누워있다

초췌한 가지 위에는
아직 헐리지 않은 까치집만
저렇게 덩그러니.

빈 둥지에
주둥이 짹짹대는 새끼들

밥 먹고 와라, 까아 깍
가서 쉬어라, 까아 깍

야윈 손으로 밀어내며
자꾸만 자꾸만 작아지시는
애처로운 어머니 형상形狀이다.

까치 엄마 3

말기 암 환자라 그 누가 믿으랴
혼자 모든 고통 참아 받으며
삭아가는 나무 위에
아직은 헐지 않은 까치 집 남아있어.

병실에 쭈그리고
빈 입만 짹짹거리는
새끼들 안쓰러워.

앙상한 손길 들어 올려
밥 먹고 와라, 가서 쉬어라
헛손질하고 계신 울 어머니.

어머니의 송편

어머니, 잔뜩 하늘 흐리더니
줄기줄기 비가 쏟아집니다.
어머니 안 계시는 이번 추석은
무척이나 우울합니다.
추석이면 어머니께서 빚어주신 송편
그저 맛있게만 먹었는데
어머니, 오늘 추석에는
그날의 송편이 없습니다.
누구에게나 어머니는
세상에서 가장 다정한 분이듯
제게도 어머닌 세상에서 가장
다정한 분이십니다.
아파 누워 계시는 동안
늘 웃어주시던 어머니
어느 날 밤 많이 아프다 말씀하고
천상으로 오르셨지요.
그날이 못내 쇠못처럼 날끼이서
빗줄기로 제 가슴을 칩니다.
추석날 속절없이 내리는 비

어머니의 눈물인지
이 아들의 눈물인지
정녕 알 까닭이 없습니다.

새해 아침 1

신묘년 새해 아침 내리는 하얀 눈이
불쑥 찾아 들어서시는 어머니 옷깃 같아
못내 가슴이 뛥니다.
봄날 꽃물 같으셨던 어머니,
저희 곁을 떠나신 지 석 달
어느덧 해가 바뀌고
오늘은 그 첫날 눈이 내리는데
사각사각 눈 쌓이는 소리가
어머니 걸어오시는 발자국 소리인 듯도 해
또 그렇게 기대만큼 가슴이 뛥니다.
급히 문을 열고 뛰어나가니
속절없이 눈만 쌓일 뿐
지금 어머니는 안 계십니다.

새해 아침 2

새해 아침 서설瑞雪이 내린다.
순결한 영혼의 상징인 하얀 눈
마당에도 장독대로
그렇게 소복소복 내린다.

모친이 생을 마감한 지 석 달
집안 꾸려가신 그 자리에
어머니 고무신 끄시던 소리
들리는 듯 가슴이 뛴다.

봄날 꽃물 같으셨던
한평생 새하얀 소복 차림으로
몽환夢幻처럼 포근 포근히
끝내 침상 다독이다 가신다.

뿌리 찾기

진달래꽃 곱다는 영변*의 약산
애초에 조상님들이 사시던 곳
이천리길 53일을 걸어
놀라워라. 선경* 효자님은
수습한 부모님 유해 짊어지고 오시어
대관령 산자락에 소중히 모신다.

단신으로 대관령 산자락에
박지깡* 데릴사위로 둥지를 틀고
5형제 아들에 55명의 증손자 모여 살게
보듬어 주시는 선경, 큰 어르신

두 팔을 한껏 펴고서
자손들 안아주시고
여태껏 지켜주는 조상의 자비하심에
몸을 깊게 낮춘다.

뿌리가 깊고 튼튼하였으니
나 또한 우뚝 앞서 나설 수 있었고
자손 대대 화평 누릴 수 있었나니,
노송이 날개 덮은 선산의 조상묘역 주시하며
증조부님의 안택安宅을 찾아
술 한잔 올리는 팔월의 새벽.

* 영변 : 증조할아버님의 고향
* 선경 : 증조할아버지 존함
* 지깡 : 면장

어머니의 주민등록증

남겨진 어머니의 주민등록증
정성스레 지갑에 보관합니다.
위암 판정받으시고
그나마 치료를 위해
자동차 면허시험장에서 급하게 찍은
초췌한 어머니의 마지막 모습
그나마 담긴 주민등록증
아들은 조심스레 지갑에 챙겨 넣고
지갑의 따스함에 가슴을 덥힙니다.
경이롭게도 모친은 심장 깊은 곳
늘 저와 함께하리라는 나직한
눈부신 언약言約은 눈물겹습니다.
신중하고 침착해라.
남을 이해하고 배려해라.
항상 준비하고 노력해라.
남 부끄러운 짓 하지 마라.
오늘도 지갑 속의 어머니 사진 만지며
유언처럼 그 말씀 가늠하며
지친 몸 다시 추슬러 봅니다.

코 같은 소리 하지 말고
절대로 멋을 팔지 말아라.
마음에 채찍의 통증으로 살아나고
진정 존경하고 사랑하는 어머니!
당신의 말씀 명심하리니
가슴속에서 늘 지켜주소서.

다시는 우직한 둘째 때문에
걱정하지 않으시도록 열심히 또
정의롭게 여생을 살아가리니,
운명처럼 주민등록증이
못난 제 가슴에 닿는 순간
어머님이 남겨주신 그 어떤 보물보다도
목숨처럼 귀중한 선물이기에
늘 함께 있다는 든든한 마음입니다.
비록 이 순간 뜨거운 눈물 앞을 가릴지라도
당신의 기대에 어긋남 없이 살 것 다짐합니다.
자랑스러운 아들, 영교이니까요.

새벽 별

지난밤엔 비에 젖은 당신이
다녀간 뒤부터 그렇게
온밤 내내 비가 오더니
이 아침 물안개 자옥하다.

말끔히 씻긴 능선 위
하늘 한 자락 곱게 물들어 오지만
당신 없는 하늘은 공허하다.

고백하지 못한 당신 향한 짝사랑
얼룩진 가슴 갈피 갈피에
여름 봉숭아 색조로 물든 하늘이다.

이 세상 아무것도 걸릴 것 없이
끈질긴 집념으로 그렇게 살아온 당신
그 질병에서 지켜 낼 수 없었는가?
당신 하나 지켜낼 수 없었던 나我.
못내 부끄러움에 얼굴 붉히는 지금
창 너머 빈 하늘로만 망연자실 응시하는
한恨스러움 당신은 알고 계실까?

이제 오르신 천상의 그곳에서
몸져눕거나 일체 힘겨워 마시고
찬란한 삶 누리기를 소망하리니.

왜 당신을 어머니로만 불렀을까?
누가 당신을 아내로만 불렀을까?
어둠 속에서도 빛나는 밝고 맑은
강한 한 줄기 생명의 빛,
우리 가슴에 빛나는 새벽 별이다.

그 날을 쓰다

꽃그늘 아름다운 날
산 구절초 꽃잎
숨죽여 웃는 꽃그늘 아래서
가슴속 깊은 멍울들 풀어내고
어느 것이 가장 슬펐던 일이었나
하나둘 짚어가며 헤아려 본다.
가장 깊은 곳에 꾹 눌러 놓았던
어머니 그 사랑 떠 올리다가
가장 깊은 슬픔에 억장 내려앉고
그것이 가장 깊은 사랑이었음을
끝내 확인한 가을날 오후다.

언제나 조용히 웃는 듯
있는 듯 없는 듯 잔잔하던
어머니의 그 수줍은 미소,
자손들 가슴에 산 구절초
한 송이씩 그려 주시고
옷자락 날리며 별이 되었다.

이제 당신은 그 아득한 행성에서
우리는 당신 없는 지구별에서
못다 한 사모곡을 부르고 있다.

우리 함께 바라볼 수 없는
저녁 하늘과 나비와 꽃
자유로운 영혼의 바람 얘기도
산 구절초 꽃잎 속에 감춰 놓은
못다 한 찔레꽃 이야기와 함께
아름답게 써 내려가고 있다.
가끔은 가을 산 소쩍새 울음으로
못내 절창絶唱을 쓰고 있다.

외나무다리

문중산 불 질러 화전 일구고
으라리아! 외치며 풀 퇴비 만들고
비탈진 언덕길 비틀거리며 지고 올라
무 배추 감자 심던 허구한 날

허기진 인부들 기다릴세라
내걸이 솥 걸어 밥과 국 끓여 이고 들고
막내 들쳐서 업고 또 종종걸음 옮긴다.

열 길 물속 알 수 없는 양소위 외나무다리
첫서리初霜 내려 얼어붙은 다리 건너다
아뿔싸 발을 헛디뎌 물에 빠져
둥둥 떠내려간 촌부의 젊은 날 하루

버드나무 가지 잡고 기어올라
젖은 몸 일체 아랑곳없이
또바리에 함지박이고
화전 밭으로 발길 재촉하던
땀 반 눈물 반의 중년의 한때

시골 아낙의 젊은 날의 사고 한 토막
어머니 삶의 푸념 한 자락이다.

어느 봄날

낮은 산자락의 민들레 홀씨
복으로 날아오르던 날
구릉에는 얼룩진 말만 무성하고
봄을 거부하던 새싹들도 일제히 일어난다.

꽃의 계절 오월에 반드시
장미꽃 피우겠다는 붉은 함성
푸르렀던 언덕에서 울려 퍼진다.

빈 뜻 서성이는 진돗개 한 쌍
주인 잃은 언덕을 가만히 바라본다.

나른한 봄날 오후다.

지르메 산자락에 오르면

신의 손길이 머물다 간
가을이 가까이 보인다.
무성했던 들풀들은 저마다
몸집 줄여 겨울잠을 준비하고
들꽃 진 자리에 서면 그만
나도 모르게 절로 몸이 낮아진다.

무엇일까, 무엇일까?
가만히 귀 기울여 보니
달콤한 잠의 열매 매달고 있는
자작나무 가지 잎 틈 사이로
세상에서 아름다운 자장가 들려온다.

우리 얼마나 많은 봄과 여름을
그렇게 지나쳐 왔던가.

가을 속에 흘러가는 음표들 사이로
스스로 덧칠하고 있는
인간의 손으로 그릴 수 없는
황홀한 수채화 한 폭이다.

지르메 산자락에 올라서면
시간은 흐르는 것이 아니라
시간 속으로 내가 또 그렇게
비로소 흘러가고 있음을 깨닫는다.

새벽길

아직 어둠이 묻어난 하늘에
촘촘히 박혀있는 별빛을 따라
어머니의 길을 나선다.

아기의 눈 지키기 위해
또 그렇게 안간힘을 쓰고
매달려 있는 대견한 단풍잎이다.

된서리 첫눈의 잔상殘像은
반짝이는 진주가 되었다가
발길 채여서 한순간 사라질 뿐.

그 길 위에 서면
- 어머님 전상서

밤길 빛을 따라가세요. 어머니
거기는 빛의 나라가 있어요.
죽음은 삶의 거처 옮기는 과정

가냘픈 육신의 지친 걸음
닿는 곳마다 은은한 밝은 빛에
온 세상 환하게 밝아올 것이리라.

꽃잎 같은 눈물 이젠 감추시고
가시는 그 가벼운 걸음마다
환한 빛 오래오래 빛나게 하시어
우리 함께 했던 시간 비추게 하소서.

놓고 가신 작은 선물

지르메 산자락의 가을 속에
사람의 노력으로 만들 수 없는
만추晩秋의 가을이 보이고
자연이 놓고 간 선물이다.
자작나무가 떨구어 준 황금 잎새로
자잘한 잔가지와 어울려 누워서도
계절은 수묵화 한 폭 그려 놓았다.

무성했던 들풀은 몸집 줄이고
다음 생을 이어갈 씨앗 매달고
행복하게 흔들리고 있다.
들꽃이 진 자리 꽃이 남겨준
향기로운 열매 앞에
몸을 낮추고 경건한 마음이다.

사람이 만들 수 없는
자연이 만들어 보여주는
작은 세상의 큰 선물을 안고
지르메 산 가을 산자락에 홀로 서다.

언제 잠은 자나요?

어느 분에게 물었다.
그 많은 일 언제 끝내고
'잠은 또 언제 자는가?'라고.
그분은 이렇게 말했어요.
잠이 오면 자고
혹 깨어 있을 때는
지극히 보람된 좋은 일을
이웃에 작은 도움이 되는 일,
마른 대지에 새벽 단비가 스며드는
그 같은 필요한 사람 되려고요.
누군가 제게 물었지요.
'잠은 언제 자는가?'라고
저도 그렇게 흉내 내어 대답했어요.

무밭에 누워

농사일 힘겨울 때
가끔 밭고랑 베고 누워
뭉게구름 솟고 있는
먼 하늘을 본다.
미풍에 하늘거리며
파르르 떨고 있는 무 이파리
송송 땀 식혀주려는 듯
그렇게 저마다 춤을 추고.

(2003. 2. 8)

무밭의 정경 떠올리며

- 농부의 마음

못내 기다리던 비다.
엎어지면 코 닿을 듯한
가파른 배추밭 똥장군 짊어지고
황금 물 지어 올려 모종을 심는다.
천둥과 번개 치는 소리 뒤
갑자기 쏟아지는 소나기다.
건너편의 먼 산등성이
이웃 농부와 바라보며
즐거워 소리치던 모친의 모습.

(2003. 2. 8)

농부의 마음

배추 모종을 심어 놓고
어린 자식 정겨운 시선으로 응시하듯
조금은 시든 포기 바라볼 때
아픈 자식 애처롭게 지켜본 눈빛이다.

갑자기 천둥 번개가 치고
한순간 소나기 쏟아지자
긴너편 먼 산등성이 환하게
이웃 농부와 바라보던 표정.

아! 정말 비가 온다.
건너편 산정山頂 응시한 시선,
울 아버지 바라보며
'네! 기다리던 비가 오네요.'

값진 인생

먼지 같은 목숨의 불꽃 다할 수 있기를
누군가 정리하고 보존하지 않으면,
영원히 지구상에서 사라질 것 같은
보통 사람의 소박한 삶의 이야기
더 많이 남길 수 있기를.

스키 역사 조금은 정리할 일이기에
스키 역사관을 올림픽 기념관에
스키인들의 혼 불어넣기 소망한다.

숨질 때까지 모친께 서신 띄울 수 있기를
부모님 영혼 살아 숨 쉬는 삶의 터
잘 가꾸어 후손에게 물려 줄 수 있기를,

대관령 두메길 다듬고 잘 정비하여
모두가 하나같이 대자연의 신비 느끼고
호흡하며 걸을 수 있기를 기대한다.

내 삶의 원천이고 일체인 대관령
그 산자락 아름답게 가꾸어
또 귀한 천년을 그렇게 맞으리라.

가치 있는 삶

어느 분이 내게 말했어요.
'그 많은 일을 어떻게 하고
잠은 또 언제 자는가?'를
삶의 일상화라 이렇게 답했다.
잠이 오면 자고
깨어 있을 때 생산적인 좋은 일을
이웃에게 이로움을 함께 하는
마른 대지에 새벽 단비가 스며들 듯
그런 사람이 되려 노력할 뿐이라고.
누군가 또 물어 오네요.
잠은 또 언제 자느냐고.
또 그렇게 대답할 수밖에 없다.

일과 잠

값진 인생은 가치 있는 삶이다.
잠은 일하기 위한 에너지 충전
일하면 잠 잘 자는 까닭 알아야 하느니.
보람된 일이면 더욱 좋겠지만
잠을 자도 편안할 일상日常이다.
열심히 일하다 평안히 잠들고 싶다.

손길

맨손 호미 잡고 밭매다가도
나무 꺾어 불 질러 밥 지으시고
썩 감자 걸러 녹말을 내시고
한겨울 개울 돌에 빨래하시고
털컥 털컥 베 짜는 솜씨 놀라워라.

헌옷 풀은 털실로 새 옷 뜨시고
어둔 눈 바늘귀 겨우 끼워 옷 지으시고
밀가루 반죽하여 국수를 미시고
주전자 뚜껑 꾹꾹 눌러 만두 빚으시고
어서 가 밥 먹어라.
어머니, 그 야윈 손 눈물겹다.

각시붓꽃 사랑

배우지 못한
한의 알갱이 모여
각시붓꽃이 되었다.

사촌 남매들 명문대학에 다닐 때
내 형상 초라해서
늘 각시붓꽃이랑 놀았다.
끝내 평생 부모를 원망하다가
짧은 가방끈 놓을 수가 없다.

모친 닮은 솔숲의 붓꽃처럼
어머니의 손과 발이 되어
열심히 흔들리리다.

만권의 책을 읽고
천 리 길을 걸은 후
좋은 글 짓고 쓰고.

보랏빛 먹물을 풀고 풀어
흔들리고 또 흔들려도
어머니 닮은 붓꽃 되리다.

천년 사랑

지켜온 백 년의 자리
설 한풍이 불고
또 큰 눈이 쌓여도.

천년의 연緣으로 그 자리에
푸르른 기개 곧추세운 채
두께는 세월의 이끼에 맡기고
등걸의 각실은 파이고 갈라져도.

검은 세월 관조한 모습,
자손들의 부귀영화 기도하는
붉은 팔, 큰 품 안은
조상님의 그 천년 송.

양지꽃 사랑

만나지 않아도
볼 수 있고.

말하지 않아도
들을 수 있어.

살며시 손 뻗으며
봄 햇살을 타고.

싱그런 양지꽃 향기
전해올 것만 같은
어머니 꽃.

이 봄이 이름을 찾지 못하고 있다

억겁의 인연을 갈라놓은 채
더 이상 울 기력조차 없는 어미 가슴에
풀 한 포기 심지 못할 무덤을 만들고
민족의 자존심마저 건져 올리지 못하는
팽목항을 묵언으로 응시하며
부처님 오신 날 봉축 행사하는
우리는 가슴이 저려서 몹시 아프다.

물속에 잠긴 남은 사연들은
회색빛 하늘에 눈물로 고이고
회한의 높새바람은 봄바람 타고 와서
불도화의 꽃잎마다
질린 모습으로 하얗게 숨어있다.

시침 뗀 바다는 오늘도 넘실대고
팽목항에 매달린 절망의 가로등은
또 그렇게 암전暗轉 중이다.

이 어두움 밝혀줄 것 동경하는
사자후여! 사자후여!

명상의 집 꽃 연등 불빛 따라
이 봄날 그 이름 찾고 싶다.

잎이 되고 꽃이 되어라

초록 잎이 예쁜 엄마가 말했지요.
나무를 키우는 물 머금은 초록 잎사귀 되고
그 잎사귀 속에 피어나는 예쁜 꽃 되라고.

이웃에게 이로움을 드리는
늘 푸른 잎이 되고
향기 머금은 한 송이 꽃이 되라고.

어릴 적 무슨 뜻인지 알 수 없었지만
이렇게 모친의 나이 먹어보니
이제는 알겠노라고 말할 수 있다.

남에게 일상의 행복 나눠줄
꽃과 잎이 되어 보겠노라.

끈

김 인 교

어머님 이름 석 자 사라진
의료 보험 카드 받고
가슴에 무너져 내리는 소리.

단풍색 그 붉던 시월
어머닌 우리 곁을 떠나시고
그 뒤안길 윾터 자라는
보랏빛 그리움.

어머니 이제 보내 드리리다.
고통도 질병 하나 없는
평화스러운 세상으로 향하며
한 켜 한 켜 보석으로 기워 갚으며
이젠 정말 보내드려야겠다.

감자

유월이 오면 감자꽃 핀다.
감자의 싹 눈이 흙을 빌려
생명의 푸른 잎을 피우고
자주색의 꽃 탐스럽게 피워 낸다.

감자야, 감자야!
크고 싶은 만큼 크려무나
잘난 놈은 잘난 대로 팔아
아이들 공부 가르치고.

못나면 못난 대로
감자 뭉쉥이 만들어 먹고
얼면 언 대로 썩혀
녹말가루 만들어 놓고.

어느 한 알이라도
버릴 수 있으랴.
감자 고르느라
손끝 닳던 울 어머니.

하얀, 자주색 감자꽃 자지러진
감자 밭둑길 걸으며
추억 속의 어머니를 그린다.

숲길 걸으며

잎새들이 소슬바람에
놀라 자주 흔들릴 때도
햇살은 숲속 밑자락까지
따스한 기운을
불어 넣고 있듯이.

우리가 잎새를 닮았다면
어머닌 햇살 같은 기운으로
참고 기다리며
끝까지 믿어주는
이 지상의 위대한 이름,
어.머.니 십니다.

추석날

어머니의 손끝으로
꼭꼭 정성 다해 빚어 주던
송편 맛 이젠 맛볼 수 없다.

사랑과 정성 꼭꼭 다져 넣고
굵은 손가락 자국 박히도록
차지게 눌러 만든 어머니 표
송편이 먹고 싶다.

휘어진 허리 펴시며
하나라도 더 먹이고 싶어 하시던
그분의 다정한 미소 그리워진다.

송편 먹는 날
손도장 찍힌 어머니 표
송편 생각이 간절하다.

어머니하고 부르니

집 뒷산에 올라
어머니하고 부르니
솔잎 사이 쑥꾹새 울음으로 답하고
혼자 조용히 올라서서
'보고 싶습니다' 말하니
각시붓꽃으로 옆에 나란히 자리한다.
어머니 그립다고 소리 내어보면
초록 나무 틈새 바람으로 일렁이다가
나 또한 그렇다고 교신交信한다.

할미꽃

무덤가 양지바른 곳에서
청춘의 한가득 머금고
가련한 얼굴로 슬프게 피어
젊어서도 허리 구부리고
고귀한 모습으로 노고초勞苦草
늙어서는 백발이 성성이다.
딸자식 훌훌 시집 보내는
홀어미의 아픔으로 백두옹白頭翁
화려하지도 드러내지 않지만
진자줏빛 사랑 품은 할머니 꽃
서러운 한 간직한 겨레의 꽃이다.

복수초를 만나며

눈길 속 봄 길 열고 온
행운의 여신 도도한 자태姿態
아무에게나 보이기 싫어
캄캄한 땅속 숨죽이고 기다린다.

시린 가슴에 안고
꽁꽁 얼어붙은 길 찾아와
귀인 만나면 툭 마음을 열고
집열판인 양 제 몸 데워
새 생명 잉태孕胎하는
빛나는 꽃 복수초.

물싸리꽃

그대 물싸리꽃을 아시나요?
어머니의 눈물방울 같다는
어머니의 눈물이 고여서
수정알 고운 꽃 되었다는.

한 올 바람에도
얇은 꽃 이파리는 떨리고
작은 얼굴 하얗게 미소 날리는
그대들 아시나요 물싸리꽃을,
엄마의 눈물 꽃이라 불리는
5월 둔덕의 물싸리꽃.

감자꽃 필 무렵

감자꽃 필 무렵이면 생각이 난다.
어머니께서 빚어 주시던 투박한 감자떡이
감자 씨눈 따서 싹을 틔우고
누렁이 이랑 지은 고랑에 한 눈 한 눈
싸리 소쿠리에 꺼내 심어놓고
매고 가꾸어 하얀 얼굴 드러내는 씨감자
소쿠리에 담고 또 담아서
산더미같이 쌓아놓고 골라
잘난 놈은 잘난 대로 장가보내고
못난이는 감자구덩이에 묻어
고등어, 꽁치 바꾸어 먹고
감, 홍시 바꾸어 새끼들 또 먹이고
겨울이면 싹튼 못난이 감자 꺼내
감자 뭉셍이 해주던 그날이다.

감자꽃 필 무렵이면
성하면 성한 대로 또 작으면 작은 대로
얼면 언 대로 또 썩으면 썩은 대로
깎고 벗기고 가는 체에 걸러
열 손가락 깨물어 아프지 않은 손이 없다는

지혜로운 교훈 그대로 일깨워 주며
가족들의 생계 건져 올리는 심정으로
소중하게 자리 잡은 감자꽃 사랑
아, 아득한 감자꽃 필 무렵.

어머니를 추억하다

언제나 작은 자리에
그 자신을 두려 했고 고운 마음만
어깨에 가득 담아 메고
세상 길 걷고자 한 어머니
늘 몸에선 젖 내음이 나곤 했다.

그런 마음으로 농사를 짓고
먹을 것 성성 다해 만들어
사랑하는 자녀에게 나누어주고
그게 사랑임을 몸으로 보여주며
온전한 행함으로 깨우쳐주었다.

깨달음의 삶을 완성하는
효주 아네스 성녀의 신심은
못내 안타깝게도 가난으로
배우지 못한 그 한스러움의 이력도
지금은 저 영화로운 천상에서의
자유로운 바람의 영혼이리라.

아, 어머니가 이 지상에
다 못 나누어주고 떠나간 사랑은
땅끝 어느 곳에 꽃 피워야 하느니.

효주 아네스 임금진, 나의 어머니!
효주 아네스 성녀의 신심 닮고자 했던
그 삶과 사랑 영원히 빛나리라.

비

해맑던 하늘에 먹장구름 몰려와
한순간 비가 내리기 시작하고
빗방울이 빗줄기로 변형한다.
'오늘은 많이도 아프구나.'
다음날 어머니는 그렇게 훌쩍
우리 곁을 꽃잎 지듯 떠났다.

지금은 하염없이 비가 내린다.
해맑으라고 하시던 가슴에
주룩주룩 눈물인 듯 비는 내리고.

어머니 손

병상에 누워 조용히
와서 밥 먹어라.
가서 쉬라고 하면
내어 저으시던 작은 손手.
맨손으로 호미 잡고 밭매고
솔가지 꺾어다 불 지펴 밥하고
한겨울 개울가 빨래 널고
철커덕철커덕 삼베 짜던 손이다.

밀가루 반죽 빚어 칼국수
주전자 뚜껑 눌러 빚은 만두
더 이상 맛있을 수 없는 손맛
자그맣고 도타운 어머니 손.

호박꽃

백두에서 한라까지 흘러 흘러
노란색으로 온 들판 수繡 놓으니
한 민족의 꽃으로 피어나라.

퇴색한 돌담길도 감고 돌아
큰어미 젖가슴에 주렁주렁 자식들 매달아
겨레의 넋 이어온 소중한 꽃이다.

커다란 잎으로 고등어 꽁치 받쳐주고
듬성듬성 썰어 넣은 삶의 편린片鱗들
호박, 구황으로 누렇게 뜬 새끼들의 먹거리.

어머니 손때 묻은 칼국수 우려내고
한겨울 감자 더미에서 꺼내어
호박죽 호박엿으로 변형된 표상.

민족의 한 가슴에 심은 꽃이여
불멸의 혼으로 승화되어
끝내 탐스러운 열매로 변신하라.

효

효자를 찾아오라는
나랏님이 내린 어명에
한 젊은이가 뽑혔다.

나랏님이 그를 살펴보았고
그 젊은이는 나뭇짐을 내려놓고
문지방에 그렇게 걸터앉아
허리 굽으신 노모가 친히
세숫대야를 정성껏 받쳐 들고
젊은이 발을 씻어 주었다.

한순간 나랏님이 호통을 쳤다.
'이런 천하에 고얀 놈이 있냐?'고.
젊은이는 당황한 기색 없이 대답했다.
'어머니는 제 발 씻어 주는 것을
가장 기뻐하고 행복해하신다.'라고.

(2002. 12. 18)

참꽃 사랑

참 붉기도 하다
그 같은 사랑.

참 곱기도 곱다
그대 마음.

인고의 세월
저리도 맺은 결실.

붉은 마음에
붉은 사랑.

참꽃 그 참사랑
어머니 사랑.

죽어서도 피는 꽃

그리움 끝에도
못내 또 그리워.

푸른 밤 하얀 달빛 아래
꺼이 울며 목을 맨다.

세월 지난 그 자리
그리운 달빛 타고.

조용히 스민 뒤에
다시 피어나는 꽃.

환생의 꽃
달맞이 그 꽃.

당근 작업

새벽 두 시
또 불을 밝힌다.
무서리 내려
서걱거리는 당근 뽑는
차디찬 두 손이 서럽다.
평생 농업을 천직으로 살아온
투박한 손등 위로 떨어지는
땀방울에 가슴이 아려온다.
험한 세상을 묵묵히 살아오며
어둠 환히 밝히려고
가족들의 소망 담아 올리는
어머니의 촛불 한 자루.

거기 있었다

늘 거기 있었다 너는
개벽이라도 하듯
밤새 폭풍우 세차게 몰아쳐도
묵묵히 늘 거기에 있었다.
기나긴 겨울 온갖 풍상 머금은 채
아지랑이 피워올리며
강인한 생명력 움 틔우며
어김없이 늘 그곳에 있었다.

오랜 외유 끝에도
다시 너를 찾을 때
변함없는 그 자태로
뿌린 만큼 거두어야 한다는
평범한 진리 알게 해준 너
늘 거기 자리해 있었다.
그렇게 변함없는 너를
타자他者의 손에 넘기려는
나는 배신자다.

(2003. 2. 2. 변함없이 기다리는 땅을 생각하며)

자화상

유년 시절 외사촌 6형제와 옥수수밭 손뚜데기 시키면
군말 없이 그만하라고 할 때까지 즐겨 일하던 아이.
쐐기를 박아가며 옹이 베기 나무패기와
가마솥이 찰랑거릴 때까지 물 긷던 아이.
울타리 가득 내린 눈 치우기와 몇 길의 감자구덩이
고사리손으로 파고 검불 끌어와 감자 저장하던 아이.
까까머리 휘날리며 단 한 집이라도 빼놓을까?
하얀 입김 내뿜으며 신문 배달하던 아이.

하교 후엔 책가방 던져놓고 교복 입은 채
밭으로 달려가 돌 파내고 김매던 학생.
월사금을 못내 울며 집으로 돌아와
온도계 들여다보며 양상치 모종 키우던 학생.
레그혼 닭 30마리 애지중지 키우며 낳은 알을 팔아
한푼 두푼 모은 돈 부모님께 용돈 드리던 학생.
고교 시절 하숙집 노인네 힘든 농사일 모아 놓으면
휴일에 어김없이 달려가 기꺼이 도와 드리던 학생.
주말이면 집에 와 수백 통 물 주며 묘상苗床 돌보고
농약 통 둘러메고 약치고 퇴비堆肥하던 학생.

대학 진학 포기한 채 전국에서 가장 노동시간 많은 농부 되겠노라며
엄동설한 눈 치우고 도랑을 치던 젊은이.
엎어지면 코 닿을 가파른 안반덕 전통감자 가마니 짊어지고
서툰 솜씨로 종일 지게질하던 젊은이.
밤이 왜 생겼는지, 원망하며 날 새기 기다리다가
온종일 껑충껑충 뛰며 곰처럼 일하던 젊은이.
젖소 송아지 5마리 사들여 상대비에도 꼴을 베고
건초 묶고 젖 짜고 또 소똥 치우던 그 젊은이.
첫 송아지 품에 안고 정성 쏟은 뒤에 어미인 줄
알록달록 젖소 송아지가 졸졸 따라다니던 젊은이.
긴긴 겨울밤 소등 긁어주며 우사의 기둥에 기대어
소들의 숨소리 들으며 독서삼매에 빠지던 젊은이.
입대하던 아침까지 젖을 짜며 일손 놓지 않고
어머니 눈물 속 배웅조차 받지 못한 젊은이.

힘들었던 훈련병 시절 사역병 집합 소리에 쏜살같이 뛰어나가고
100Km 행군도 모처럼의 기회로 힘든 일 즐겨 찾던 군인.
모두 잠든 불침번 시간 희미한 내무반 불빛에 눈 찡그려가며
진중문고 읽은 재미에 다음 근무까지 충직하게 임하던 군인.

어린 시절 읽을 책이 없어 책 동냥 다니던 생각에
「아무나 오게」 마을도서관을 만들어
어려운 아이들에게 책 읽을 기회를 주던 젊은이
밀린 빚에 끝없이 팔려 가며 두려운 눈망울 굴리던
정든 소들을 바라보며 소리 없이 눈물 삼키던 젊은이.
장대비 속 하루도 쉬지 않고 무릎까지 빠지는 발걸음 옮기며
야채 박스 조금이라도 젖을세라 뛰어다니는 그 젊은이.

새벽 골목길 청소차 앞세우고 땅심 돋으러 연탄재 실어 나르고
일의 노예가 되어 밤새 자동차 불 밝히며 거름 펴던 농부
수마 할퀴고 간 뒷자리 제방 쌓다 손가락 찧어 살점 떨어져 나가도
붕대 대충 감고 경운기 끌며 계속 일하던 농부.
허리가 휘어져라. 무리하게 일하다 허리 다쳐
서지도 앉지도 못해 엎드려 밥 먹으며 허리 수술하던 농부.
답답하고 짜증이 날 때 횡하니 달려 나가
땀 흘려 일하면 더 이상 기쁨이 없고
이 세상에서 일하는 즐거움보다 더 큰 즐거움이 없다고 생각하는
바보 같은 천생 농사꾼.

안반덕 농사

새벽 서리 하얗게 맞다.
가마니 베고 데미안을 읽으며
몇 밤을 같이 지내며 하루를 열고
하얗고 둥근 결실 담아서 낸다.
시리도록 푸른 달빛 맞으며
서늘한 밤공기를 가르고
GMC 트럭 위 가맣게 쌓아 올린
감자 더미 위에 육신은 흔들리고
한순간 까닭 모를 처량함은
뼛속 깊이 스며들고.

(2003. 2. 8)

인자忍子, 희자犧子, 현자賢子님 전에

김 인 교

어머니가 내 곁을 떠나신지 2주일이 되었다.

내겐 누구보다 많은 것을 아낌없이 주신 큰 사랑을 몸소 보여 주신 분이기에 더욱 애틋하다. 보내 드린 지 2주가 지났지만 아직도 매일 아침이면 꼭 전화를 드려야 할 것 같은 착각에 빠진다. 다시는 전화조차 드릴 수 없다는 점이 마음 아프다. 어머니를 다시 한 번 떠 올리며 어머니가 내게 어떤 분이셨는지 무엇을 가르쳐 주셨는지 정리해 보려 한다.

어머니의 세대 분들이 대부분 그러하듯이 나의 어머니도 평생을 희생과 인내로 인생의 무게를 몸으로 이겨 내신 분이다. 그 분을 하늘에 보내고 나서야 그 분이 얼마나 현명하게 살아오셨는지 자식으로서 다시 한 번 생각하게 된다.

나는 나의 어머니의 이름을, 참을성이 무엇인지 직접 몸으로 보여 주셨고 거기에 어진 성품이 무엇인지 보여주셨기에 어진 인자를 써서 그 분의 이름을 성씨인 임자를 붙여 임인자忍子, 仁子라 불러 드리고 싶다. 79년의 인생을 사시면서 대부분을 가족과 집안의 안위를 위해 희생하신 점을 생각한다면 임희자犧子라고도 불러 드리고 싶다.

또한 어머니의 현명한 삶의 모습이 지금 우리 가족이 사회에서 제 구실을 하며 성공적으로 살아가게 하는 원동력이 되었기에 마지막으로 임현자賢子라 불러 드리고도 싶다.

평생을 어질게 살아가시면서 모든 것을 참고 견디신 임인자忍子, 仁子 여사. 하늘 아래 첫 동네라 불리던 대관령으로 이사 온 이후 그 춥던 겨울에도 바깥에서 일을 하느라 생긴 손발의 동상과 거칠어진 손발은 어머니가 얼마나 참을성이 많은 분이셨는지 증명해 준다. 화전으로 시작된 농사일로 많은 농사 일꾼들과 같이 일을 주도하시던 모습과 그 많은 일꾼들의 점심과 새참을 준비하여 나르던 일, 그 중에서도 어머니가 새참으로 준비한 뜨거운 국수를 머리에 이고 불기 전에 대접하러 산 위의 일꾼들을 향해 뛰어 가시던 모습은 가히 초인적이었고 그 힘은 진정 인내 없이는 불가능한 일이었다.

뒤늦게 낳은 동생(아주 어려서 사망했지만)을 낳은 지 채 삼 일이 안 되어서 감자를 고르시는 일을 하실 수밖에 없었던 어머니의 참을성을 현세의 젊은이들은 이해할 수 있을까 싶다. 가정을 지키려는 의지가 어머니의 육체적인 강인함으로 나타난 것이니 어머님이 보여 주신 인자忍子로서의 모습 중의 하나라 할 수 있다.

어머니의 인내심은 육체적인 것에만 있지 않다. 체면이라는 점을 가장 중요하게 여긴 어머니는 남의 눈을 언제나 의식해서 남에게 손가락질 당할 일은 절대 하지 않으셨다. 유별난 가정사의 큰일들을 몸으로 다 이겨 내셨고 우리 식구 뿐 아니라 집안의 4촌 6촌 형제는 물론 모든 사람들을 아우르는 배려심 역시 그분의 정신적인 강인함이 없었다면 불가능한 일이었다. 아버님의 군수 시절 그 많은 풍파를 외로움과 고독 속에서도 중심을 잃지 않고 남에게 손가락질 당하지 않을 수 있는 가족을 이끌어 가신 분도 어머님이시다. 참기 어려운 고통이 수반되는 풍파를 누구에게 푸념하지 않으시고 혼자 가슴 속으로 울음을 삼키시며 묵묵히 이겨내신 어머니의 인내심은 우리 가족 모두는 너무나 잘 알고 있다.

본인은 금년 1월부터 암일 것이라는 자각 증상이 있었음에도 자식들에게 부담 줄까 봐 그 고통을 숨기시고 혼자 몸으로 이겨내신 그 초인적인 인내심이 날 더욱 슬프게 하기도 한다. 진정 인내하고 남에게 배려만 하려 했던 외유내강의 소유자였던 철인이셨다.

가족에 대한 희생으로 일생을 지내신 임희자犧子여사님 본인의 희생으로 남에게 신세 지거나 남에게 폐를 끼치는 것을 무엇보다 싫어하신 어머닌 본인의 희생을 통해 남을 배려하는 희생정신을 자식들에게 본보기로 보여 주셨다. 그래서 누구에게나 존경 받는 분이기도 하셨다.

본인이 힘들어도 내색 않고 남을 위해 어떤 힘든 일도 해내셨던 어머니. 본인은 굶을 지라도 가족은 물론 집안 친척 까지도 챙겨 늘 베풀기를 마다하지 않으시던 그 모습. 외삼촌의 위암 투병 시엔 몸에 좋다는 약제는 물론 신선한 야채까지 정성을 다해 구해다 외삼촌의 건강을 회복시키셨지만 본인의 암 치료에는 큰 정성을 쏟지 않고 오히려 본인의 항암 치료가 둘째 아들의 조합장 선거에 지장을 줄까 노심초사 하셨다. 항암 치료가 얼마나 힘든 치료인지 모두가 다 안다. 그런데도 어머닌 아픈 내색조차 않으시려 애쓰시던 그 마음이야 말로 우리 가족에게 남겨 주신 희생정신의 표상이라 생각된다. 그래서 더욱 일찍 보내드린 것 같아 아쉽고 죄송하기 그지없다. '죄송합니다. 임희자檥子 여사님.'

어머닌 언제나 현명한 분이셨다. 정말 어려운 금전적인 고생은 물론 정신적인 어려움에 처해 있어도 늘 중심을 잡고 앞으로 다가올 문제에 대해서 늘 준비하려는 현명함을 보여 주셨다. 이점은 나도 아주 많이 닮아서 회사 생활을 하는데 결정적인 성공 요소가 되고 있다.

늘 준비되어 있는 사람, 늘 준비하려 애쓰는 사람으로 보여지는 사람이 성공하는 건 당연한 일일 게다. 50년 전 나의 중학교 등록금부터 시작된 금전적인 어려움을 어머닌 언제나 최대한 준비하려 하였고 손자들의 등록금, 그리고 손녀의 결혼 자금, 그리고 동생에게 전해 주려고 목숨 걸고 지킨 용산 땅에 이르기까지 어머닌 언제나 준비된 삶을 사시려 애쓰신 현자이시다. 앞으로 다가오는 집안의 대소사를 미리 예측 하시고 그 점을 미리 대비하는 치밀한 준비를 늘 해 오셨다.

현자로 사시려면 고민이 많을 수밖에 없다. 남에 대한 배려가 모든 일에 우선되어야 하기 때문에 더욱 그러하다. 그래서 어머닌 늘 일찍 일어 나셨다. 한 겨울에도 4시 이후에 일어난 적이 없으실 정도이다. 그래서일까? 늘 걱정과 근심 그리고 스트레스 속에서 사셨다. 불행하게도 우리 가족 중엔 그분의 그런 큰 고민을 정확하게 이해하는 이는 없었던 것 같다. 그래서 돌아가신 지금 더욱 마음이 아프다. '고맙습니다. 임현자賢子 여사님!' 참을 인자를 가슴에 늘 새기고 어진 마음으로 본인을 희생하며 가족의 행복을 지키려 하신 어머니의 크신 사랑을 다시 생각해 보니 어머니야 말로 현명한 삶을 사신 분으로 추억해 보게 된다.

어머니가 몸으로 보여 주며 가르침을 주신 어질게 살며 참을 줄 알고 남을 위해 희생하는 현명한 삶을 살아야겠다고 다짐해 본다. 이 글을 쓰는 이 순간 어머니에게 죄송한 맘이 특히 가슴을 때린다. '보고 싶은 어머니! 그러나 볼 수 없는 어머니! 비록 곁에 안 계시지만 주고 가신 가르침 잘 받들겠습니다. 편안한 곳에서 그 동안의 걱정과 스트레스 모두 놓으시고 편안한 새 생활을 하고 계시리라 믿습니다. 어머니, 지금 당신이 정말 보고 싶습니다!'

2010.10.28. 〈06:44〉

눈물

김혜영

어제, 엄마가 머물고 돌보고 아파하며 불안하고 잠 못 이루고 먹고 싶으신 것도 잘 못 드시고 특히 마음 편하게 사시지 못하셨던 엄마의 집을 다녀왔다. 정말 수십 년이라 할까 새벽기도 때마다 아니 언제부터라고 이야기 할 수도 없을 정도로 오래 된 일인 것 같다. 사춘기라고 겪을 것도 없었겠지만 나에게는 사춘기가 찾아올 겨를이 없었다. 왜냐하면 엄마의 그 아픔과 고통과 상한 마음과 어려움을 생각하면 조금의 한 눈도 팔 수 없는 시간들이었기에 안 되는 공부고 잠도 많았지만, 그래도 노력을 하였다. 이유는 단 한 가지 엄마에게 기쁨을 드리기 위한 것이었다. 내가 공부를 하여 평생직장을 가지고 용돈도 드리고 옷도 사 드리고 맛있는 음식도 사 드리고 좋은 곳에도 모시고 가고 잠시라도 행복한 시간을 갖게 해 드리겠다는 생각으로 가득 차 있었다. 이것이 나의 사춘기의 생각이었다.

어제 집에 가 보니, 가면 그리 좋아하시던 어머니가 안 계셨다. 이미 하늘나라에 가 계시니 집에 계실리가 없었다. 그래도 내가 좋아하고 너무나 존경하고 사랑하는 오빠와 새언니 그리고 사랑하는 조카가 있었기에 어제는 그리 슬픔을 느끼지는 못하고 시간도 없었기에 빨리 달려 우리가 사는 삼척으로 왔다.

오늘 우리 집안의 자랑인 큰오빠의 미국에서 쓴 글을 읽고 수업이 없어 창문 밖을 내다보니 가을비가 내리고 있다. 평소 비를 좋아하는데 오늘 따라 그 비가 그렇게도 슬프게 느껴지고 내 마음의 눈물도 함께 흘러내리고 있다. 이제는 내가 엄마께 해 드리고 싶었던 것을 다 해 드릴 수 있는데 월급도 많이 받고 두 딸도 잘 자라 내년이면 한 명은 결혼을 하게 되고 둘째 딸도 열심히 공부하기에 또 교사의 길을 가게 될 텐데. 너무나 반듯하고 배려심 있는 나의 예비 큰 사위를 보고 흡족해 하시면서 아픈 모습만 보여 주었다고 미안하다며 평소 그리 근검하시고 아끼시던 수백만 원의 돈을 결혼에 보태라고 내 놓으신 엄마. 우리 예비 큰 사위는 "외할머니 결혼식에 꼭 오세요." 올 때마다 그 말을 전했고 어머니는 못 가시는 것을 아시면서도 "그래 꼭 가마…." 나는 왜 그런 어머니의 좋은 모습을 그렇게 많이 닮지는 않았는지 어머니께 참 미안하다.

엄마! 천국 좋으시죠? 행복하시죠? 아무리 이 세상에서 좋은 곳, 좋은 음식 해 드린다고 하여도 어찌 천국과 비교가 되겠어요. 전 걱정하지 않아요. 어머니의 믿음을 믿으니까요. 우리의 전화 목소리라도 반가와 하시고 찾아가면 꼭 밥을 지어 먹게 해 주시고 언제나 한 보따리 챙겨 주시고 올 때는 안 보일 때까지 꼭 손을 흔들어 인사하시던 그 모습을 보지 못하고 왔어요. 그래도 우리 삼 남매는 정말 멋있게 살고 있어요. 어제도 오빠의 모습을 보았어요. 주례를 하게 되었다면서 신랑, 신부 될 분들을 만나 식사 대접을 하는 것인지, 받는 것인지는 몰라도 제 생각에는 했을 것 같아요. 너무나 다른 사람들과 다른 삶을 우리에게 몸소 실천으로 가르쳐 주신 어머니의 그 인자함과 현명함과 착함이 우리에게 전해지고 삶으로 이어지고 있습니다. 잘 살게요. 정말 잘 살게요. 그래야 어머니가 행복해 하실 테니까요. 엄마!

어느 비오는 날 엄마 없는 막내딸이…

효가 무엇이냐고 물으신다면

저는 이분 이야기를 하지요.
눈 내리면 제일 먼저
부모님 산소부터 치우는 분,
군에 입대할 때 부모님이 물려준 신체 발부를
깎아 지금까지 고이 간직해온 분,
부모님 생전에 함께 여유롭게 즐기지 못한
그 한스러움에 일체 사사로운 즐김 거부하고
모친 사후에 이발소의 출입에 발끊고
거울을 보고 손수 머리를 깎으시는 분.
부친이 직접 쓰신 두 짐의 낡은 고서古書
매년 두 번씩 날을 받아
책장 일일이 넘겨 말리며 보관하는 분.
부친의 서책을 겨울밤 지새우며 읽고
같은 필체를 닮기 위해 부단히 애쓰는 분.
1주기도 되지 않아 돌아간 부친 그리며
추상이라는 제도를 알아내어
돌아가신 지 60년 만에
집안에 삼 년 상막 차려놓고
초하루 보름 제사를 지내는 분
이분을 즐겨 추모하고 떠올리지요.

어머니 많이 보고 싶습니다

신묘년 새해 온 누리에 하얀 눈이
어머니 사랑으로 스며듭니다.

봄날, 봄물 같으셨던 어머니께서
저희 곁을 떠나신 지 석 달이 지나고
해가 바뀌었습니다.

인고의 세월을 사시면서 오롯이 가정을 지켜오신
어머니가 떠나신 후 제 마음속의 허망함은 그 무엇으로도
채워지지 않습니다.

'세상에서 가장 따뜻한 이름'을 출간하고 10개월이 지났어도
사모의 마음은 더 깊어져 그리움의 강물로 출렁입니다.

2010. 10. 05. 어머님이 떠나신 후 보내져 온 글들을 소중히 모아
보태어 2쇄, 재판을 출간하게 된 것은 절판된 책을 기다리는
분들에게 기록물로라도 더 어머님을 보여드리고 싶은
저의 간절함이 있어서입니다.

부끄러운 마음은 저를 회한의 늪 속에 빠지기도 하였습니다.
하루하루, 곁에 있는 가족과 이웃분들에게 귀감이 되는
빛나는 시간을 만들어 갈 것을 다짐해 봅니다 .

어머니

생각만 해도
뜨거운 울음에
가슴이 벅차올라
단 한마디도
표현할 수 없는
어
머
니
라는 말.

어머니 말씀

끝내 생명의 나무가 되어라.
고단한 이웃은 둥치에 앉히고
피곤한 이웃 또 그늘에 앉히고
잎 잎에 바람 머금어 풀어내는
잎 무성한 나무가 되어라.

사람의 시선을 끌어내는
풀숲의 향기로운 꽃보다는
잘 자란 잎 푸른 나무가 되어
잘려 나가 어느 집 아궁이 땔감 되어도
한 가족 따스하게 등지질 수 있다면
너도 함께 불꽃으로 활활 타올라라.

숨결을 느끼며

어머니 발길 닿던 뒷산
그리운 목소리로
어머니하고 부르면
솔잎 사이 저 켠
쑥국새 음성으로 답하시고.

고개 숙여 조용히
어머니하고 부르면
각시붓꽃으로 어느새
옆에 나란히 서 계시고.

때론 쉰 음성으로
어머니하고 부를 때는
초록빛 기운으로
위로하고 계실 뿐.

당선 소감

지금 막 기쁜 소식을 전하려고 어머니 동산에 올랐습니다. 작은 숲 휘도는 바람 속에서 어머니가 대견타 웃으십니다. 가만가만 걷다 보니 새봄을 맞기 위해 준비하던 지난겨울의 끝 보일 듯 말 듯 나무마다 매달려 있던 눈들이 떠오릅니다.

나무들은 종류에 따라 달린 눈의 모습이 다릅니다. 꽃으로 피어날 꽃눈化牙이 있는가 하면 잎으로 펼쳐질 잎눈葉牙이 있고, 꽃과 잎을 한 눈 속에 다 담은 나무도 있습니다. 이제 막 문단에 발을 내디딜 저는 어떤 꽃과 잎을 담은 나무의 눈일까 생각합니다. 어떤 것으로 피어나든 바라봐 주는 사람들 마음에 곱고 싱싱한 생명력으로 열려 잔잔하게 감동의 여운을 남기는 그런 시들을 낳는 눈이었으면 좋겠다고 생각합니다. 꼭 그런 시인이 될 것을 약속합니다.

어머니의 침묵

시댁 친척들이 친정아버지 시신을
무덤에서 파내어 처절하게도
친정집 마당에 내팽개친 사연.
땅 경계를 침범한 까닭을
그 일체一切 아는지 모르는지
시댁 친척들 지극정성으로
그렇게 대하는 어머니의 묵언默言

침묵의 언어

믿었던 이들이 자존심 하나
뿌리째 파헤쳐 흔들어 놓고
만인의 눈앞에 팽개치는 아픔도
바보인 듯한 어린양,
뒤늦게 원망 대신 지극정성 분별한다.
어머니의 그 침묵의 언어
그렇게 서로 사랑하여라.

어머니의 운명

안타깝게도 책가방이 아예 없어
평생 한恨으로 눈물짓던 어머니,
뜻밖에 부친이 교사가 되자
선생님 사모님이 되었지.

부친이 축협장이 되자
조합장 사모님으로 격상되고,
또 평창군수가 되자
자랑스러운 군수 부인이 되어
행사 때마다 사인 요청에
삐뚤빼뚤 글씨로 난감하였다.

새참을 이고 가시는

뜨거운 밥 펄펄 끓는 국
애상 많은 막내딸이고, 들고 업고
새참 길에 가쁜 숨, 몰아쉬고 오른다.
작은 고개를 넘고 넘어서
외나무다리 건너 종종걸음이다.
또바리 틀어도 머리 데일 것 같고
팔이 떨어져 나갈 것 같아도
혼자는 못내 일어설 수 없기에
머리털 그렇게 다 빠져도
농부들이 기다리는 밭으로 간다.

만일보를 쓰면서

매일 새벽 침상에서 눈을 뜨면
무덤에 누운 모친께 편지를 쓴다.
자신과의 내밀한 언약言約 지키기 위해서
벌써 2527일째 어진 며느리 할머니가
돌아간 남편에게 매일 편지 쓴다는 얘기 듣고
평생 따뜻하고 목숨처럼 소중한 동반자였던
돌아가신 모친께 편지를 쓰겠다는 다짐을 한다.
문안드리듯 정담情談 나누며
곁에 계시듯 도란도란 이야기 나눈다.
만일 동안 또 그렇게
마지막 숨 거둘 때까지
어머니께 편지를 쓰리라.

만인보

만인萬人의 살아가는 이야기를 듣고
만 사람의 이야기 매일 서술을 한다.
벌써 4400여 명째, 누군가 정리하지 않으면
지구상에서 영원히 사라질 수 있는
소중한 보통 사람의 따뜻한 삶의 편린片鱗.
성당의 사목회장을 맡으면서
믿음의 연륜을 지닌 교우의 이야기 듣고
성인 성녀들의 순교 정신을 배운다.
큰 울림과 교훈으로 스며오고
따뜻한 마음 마음들,
내가 받아들이고 실천하면
나의 것이 될 수도 있다는 믿음이다.

위안

모친의 젖이 모자라고
먹을 것이 궁해 네 돌 지나도록
걷지조차 못하는 큰아이 들쳐서 업고
문턱 앞의 황금 물결치는
마을 최상의 상답上畓 바라보며
안타까운 모성을 달래던
그 어머니를 위안하고픈 마음에
감사하게도 그 논을 선물로 사드렸네.

(2003. 1. 30)

자랑스러운 나의 형

엄마 젖이 모자라고
먹을 것 없어 네 살 때야 겨우 걸음마로
찢어지듯 가난한 중학교 학창 시절,
냉방에 이불 쓰고 추위에 떨고 계실
어머니와 가족 못내 그리워하며
대관령 바라보며 온밤 눈물지었지.

하루빨리 돈을 벌어 보겠노라고
실업계 선택하여 열일곱 어린 나이,
골방에 동갑내기 모아 놓고
과외 가르치고 가정교사 고생으로
한양공대 편입시험에 합격했네.

오직 안내와 성실로 능력 발휘하여
삼성그룹 명인으로 선정되고
세계 굴지의 씨스코 시스템의 부서장
델 코리아 지사장, 강원테크노파크 원장, 강릉원주대 교수
자리에 오른 존경하는 나의 형!

(2003. 3. 17)

이렇게 살고 싶다

120세까지 타자에 도움 드리는
멋진 삶 그렇게 살아가리라.
그 나름으로 안타깝게도 주변에
누군가에 이로움을 드리지 못한다면
곧바로 사회활동을 끝낼 수 있고
살아갈 의미 못내 없다는 생각 들면
목숨처럼 소중한 삶의 시간에
짐짓 스스럼없이 정지시킬 수 있는
베토벤의 운명을 감상하리다.
환하게 웃다가 손 흔들고
존엄한 삶을 끝내고 그렇게
어머니 나라로 훌쩍 가고 싶다.

눈

하늘이 허락한 이 땅의 선물
인류에게 가장 필요한 물水
육각 결정체로도 주시고
온 천하 한순간 하얗게 채색시키는
어머니의 젖가슴처럼
포근하고 순결한
눈
눈
눈.

울 어머니

모진 그 일제 강점기의
한 맺힌 설움으로 이겨내고
동족상잔은 민족의 통한痛恨이어도
보릿고개 그 굶주림 못내
허리춤을 움켜잡고 이겨냈다.

가슴에 처절한 아픔 묻어 버리고
오로지 새끼들을 위해
다리가 휘고 등 굽어 땅에 닿아도
희생으로 뭉쳐진 그 자식 사랑이
이 오월에 가슴 시리도록 번져온다.

어머니, 나의 어머니
제가 오늘 어머니의 길 다 오르지 못하고
이렇게 무릎을 꿇고 울음을 삼킨다.

무 작업

억수로 퍼붓는 빗물이
온몸으로 파고들어
물 사람 된다.
빈 지게 지고 한 발 오르면
반 발짝 또 미끄러져 내리고
등 휘도록 한 짐 가득 지고
오늘도 비탈길 오른다.
아찔한 미끄럼질 반복하며
빗물이 눈물인지 눈물이 빗물인지 모르는
까닭에 서러운 삶의 현장이다.

(2003. 3. 5)

안반덕

인간의 의지가 맞물린
하늘과 맞닿아 있는 곳
힘에 겨운 일손이다.
때로는 굴러 버리는 곳
여름이면 감자꽃이
겨울이면 눈꽃이 빛나서
아름답고 신비한 선계仙界
안
반
덕.

(2002. 11. 29)

6부

작품 및 저서 평설

비평이 있는 신작시

김영교 시인의 '어머니의 길'

채 수 영(시인, 문학비평가)

1. 프롤로그 - 어머니의 모습

퍼내도 마르지 않는 물을 샘물이라 하고 불러도 또다시 불러도 아쉬움이 남는 이름이 어머니라 한다. 물론 살았을 때의 어머니의 뉘앙스와 돌아가셨을 때의 어감에는 차이가 있다. 전자에서는 세상에서 가장 친근하게 부르는 이름이고 후자는 애닯음에 가슴에서 물이 솟구치는 이름이다. 슬픔의 깊이에 빠져 허우적이는 것이 아니라 간격을 좁힐 수 없이 안타까움이 절로 눈물길을 재촉하는 이미지가 어머니의 어감이다. 어머니는 깊이가 있지만, 깊이가 없고 높이가 있지만 높이가 없는 표현에서 어떻게 정리해야 옳은 답이 될 것인가를 모르는 어머니를 국어사전에서는 밋밋하게 '나를 낳아 준 여자'라고 정리한다. 이 얼마나 무미건조한 사전의 정의인가. 그러나 어머니의 어감에는 시적인 무한의 단물이 솟구치는 이유가 있으니 끝없는 사랑 때문에 찾아가 울고 싶은 심정이 어머니의 이름이다. 불러도 닳아 없어질 것이 아닌 줄 알면서도 무작정 부르는 이유를 길게 늘이는 명사가 될 것이다.

누구나 어머니 앞에서는 숙연해진다. 살아생전에는 아무런 감정의 기복이 없었지만, 막상 돌아가신 이후에는 심한 갈증을 느끼는 이름이 될 것이기 때문에 돌아보는 길이 넓어지고 그 길에는 온갖 상념들이 뒹굴게 된다. 후회의 사념이 될 수도 있고 미처 말하지 못한 사랑의 고백-응석조차도 쓸쓸함에 목이 마르게 된다.

김영교는 눈이 많이 내리는 강원도 대관령의 시인이다. 부지런하고 다감하고 정 깊은 그를 만나면 그 진솔성에 가슴이 아리게 된다. 진정과 진실 앞에서 느끼는 솔직함이 그렇다. 그는 돌아가신 어머니의 애달픔에 그 선산의 둘레 길을 만들어 일명 〈어머니의 길〉이라는 명칭으로 모두에게 개방하려는 의도로 작업을 시작했다. 우선 시로서 그의 절절한 어머니의 애정을 답사한다.

2. 어머니의 자취로 이어지는 길

어머니는 가슴에 살아계시고 아버지는 마음에 깃들었다. 마음과 가슴의 차이는 분명 위치가 다를지라도 한 곳에서 감촉을 느끼는 점일 것이다. 왜냐하면 인간의 육체에서 가슴과 마음은 다르게 설정된 이질성이 아니라 하나로 통합된 구조의 일부라는 점을 설득할 것 같다. 인간뿐이 아니라 모든 존재는 그가 태어난 모태에 대한 향수를 근본적으로 저장하고 살아간다. 때문에 수구초심首丘初心의 비유도 인간과 다름이 아니라는 비유를 예로 할 수 있을 것이다. 이는 우주의 본질에 대한 상상으로 이어져야 한다. 음과 양 혹은 두 가지의 상반성은 곧 우주라는 큰 그릇에서는 분리가 아니라 하나로 통합되는 과정에서 잠시 휴식과 같은 음과 양의 이치가 작동될 것이기 때문이다. 쉽게 말해서 원圓이라는 구형球形은 우주의 모양일지 모른다. 다시 말해서 타원형의 지구와 태양의 모양에 원圓은 동력을 의미한다. 왜냐하면 움직임은 에너지를 발산하는 생명의 뜻이 담겨진다. - 일치성이 회전할 때 어쩔 수 없이 양자와 음지가 나타나는 이치는 진리의 축이라는 사상이다.

어머니 발길 닿던 뒷산
그리운 목소리로
어머니하고 부르면
솔잎 사이 저 켠
쑥국새 음성으로 답하시고

고개 숙여 조용히
어머니하고 부르면
각시붓꽃으로 어느새
옆에 나란히 서 계시고

때론 쉰 목소리로
어머니하고 부를 때는
초록빛 기운으로
위로하고 계실 뿐.

-「숨결을 느끼며」

어머니는 자식을 가슴에서 키운다. 때문에 어려움이 직면할수록 자식에 대한 열정은 어떤 것보다 강한 애정을 발휘하면서 오로지 자식만을 위한 헌신의 일념을 공고히 할 때 이를 모정이라 단정한다. 그러나 그런 어머니의 자취와 정을 이해하는 자식이 있고 그렇지 못한 자식도 있다. 독재자 네로는 그 어머니가 황제로 등극을 시켰지만 그 어머니를 죽이는 패륜을 감행했다. 독사의 자식이지만 인간의 경우는 드문 권력의 탐욕에 대한 희소한 예가 될 것이다. 김시인은 어머니의 관계가 지극히 깊은 내밀한 속삭임의 효도에 깊이를 감추고 있다. 일생을 밭과 땅과 자식을 동일시하면서 오로지 삶의 이유를 심고 가꾸던 어머니의 흔적이 산천에 그대로 남아 있기 때문이다. '발길 닿던 뒷산'에 대한 추상追想에 '쑥국새'와 '각시붓꽃'과 '초록 비 기운'으로 남아 자식을 반기는 대상으로 김영교의 의식으로 찾아들기 때문에 이를 애달파하는 김영교의 마음에는 절절함만이 출렁인다. L. C. A. 뮈세는 '어머니를 사랑하는 사람치고 고약한 사람은 없다.'를 실천하는 사람이기 때문에 어머니를 찾아가는 길이 곱고 화려한 봄날의 푸름으로 채색된다. 〈어머니의 길〉은 곧 다시 살아 현현顯現하는 이미지로 시심을 자극하는 기법인 셈이다.

인간은 돌아가는 길을 재촉한다. 다시 말해서 살아있는 존재는 언젠가 사라지는 운명이고 이를 슬픔으로 정리하면서 모든 존재는 잔사殘渣를 남기기 마련이다. 그러나 살아있는 자는 그 잔상殘像의 끈을 붙잡기 위해 사고의 줄을 이어주는 인연에 매달려 추억을 양산한다. 다시 말해서 부재不在에의 명상인 셈이다.

어머님 이름 석 자 사라진
의료 보험 카드 받고
가슴에 무너져 내리는 소리.

단풍색 그 붉던 시월
어머닌 우리 곁을 떠나시고
그 뒤안길 움터 자라는
보랏빛 그리움.

어머니 이제 보내 드리리다.
고통도 질병 하나 없는
평화스러운 세상으로 향하며
한 켜 한 켜 보석으로 기워 갚으며
이젠 정말 보내드려야겠다.

-「끈」

'끈'을 인연의 흔적이라 칭하면 어디까지의 시간이 이어진다. 시간이 지날수록 점차 흔적은 희미해지고 마침내는 사라지는 아득함이 남게 된다. 인간은 이런 일을 방지하기 위해 문자로 기록하면서 재생의 가치를 남기려 노력한다. 김영교도 이런 절차에서 시의 표현의 노력을 경주한다.

사람은 죽는다는 명제는 냉정한 논리의 결말이지만 그 자취는 남아 있다. 살면서 온갖 인연의 줄기가 얽혀져 오랫동안 기억의 문을 두드리는 일이 보편성이기 때문이다. '의료 보험 카드'에 지워진 어머니의 이름 석 자가 없을 때, 울컥이는 아들의 심성은 아픔이고 슬픔의 강물이 치렁하다. 이는 '무너져 내리는 소리'로 가슴을 치기 때문이다. 가을 길을 떠나가신 어머니는 '보랏빛 그리움'으로 자취를 남기는 듯, 애절성을 부추기고 체념으로 전송하는 길이 삶의 순환 길로 이어진다. 왜냐하면 영생의 길로 떠나갔다는 사실을 직시하는 아들의 이성은 애정의 깊이와 함수관계를 설정하는 현실이 다가왔기 때문이다. 살아있는 자는 삶의 개척 파도가 밀려오는 때, 어머니의 정에 매달리는 시간은 점차 희소稀少의 줄이 되기 때문이다. '놓아 드려야'하는 데서 깨우치는 발성이다.

시에서 색채는 인간의 감수성을 대변하는 역할을 할 때가 많다. 하얀 슬픔이나 백악관이니, 등은 모두 감정과 색채의 상관을 유추하게 된다. 김영교는 백색에서 어머니의 발걸음이 '찾아오셨다'라는 착각을 색채로 표현한다.

신묘년 새해 아침 내리는 하얀 눈이
불쑥 찾아 들어서시는 어머니 옷깃 같아
못내 가슴이 뛥니다.
봄날 꽃물 같으셨던 어머니,
저희 곁을 떠나신 지 석 달
어느덧 해가 바뀌고
오늘은 그 첫날 눈이 내리는데
사각사각 눈 쌓이는 소리가
어머니 걸어오시는 발자국 소리인 듯도 해
또 그렇게 기대만큼 가슴이 뛥니다.
급히 문을 열고 뛰어나가니
속절없이 눈만 쌓일 뿐
지금 어머니는 안 계십니다.

-「새해 아침 1」

눈雪이 어머니 방문의 상징 – 자식을 사랑하는 뜻으로 점철된다. 즉, 눈이 내린 백색이 곧 어머니의 방문으로 의식한 심사心思는 효심의 발로이고 이 착각은 '새해 첫날 집안을 둘러보는' 어머니의 자식 사랑으로 생각하는 이미지는 따스하다. 막상 돌아가셨을지라도 항상 가슴에 남아있는 음성으로 자식을 염려하고 깨우치려는 – 추진력을 갖는 상징으로 돌아온다. 이 착각은 이내 반가운 눈이지만 어머니의 순수한 '발자국' 눈과 어머니는 동격의 사고로써, 믿음을 갖는 김영교의 정서가 빛난다. 이를 확인하는 것은 '급히 문을 열고 나간다.'에서 게으른 자식이 아니라 열심히 살고 성실하고 믿음직스러운 효심을 확인하는 계기가 되기 때문에 어머니의 추억은 봄날 '꽃물처럼' 향기와 아름다움이 겹치는 더블 이미지를 구성한다. 더구나 눈의 백색의 순수와 투명을 대신하는 아늑함이 교차하는 것도 희망의 메시지와 연결고리를 형성하여 독자 앞으로 다가온다.

김영교 시인은 어머니가 누워 계시는 산소를 중심으로 길을 만들었다. 이름하여 '어머니의 길' 이라 지칭하고 더불어 자연과 어머니의 숨소리를 재생하는 즐거움 지니고 살려고 하는 발상의 길을 조성하려 한다. 가상하다. 그리고 기쁨이다. 감정의 흐름이 따스하고 온기가 전달된다.

잎새들이 소슬바람에
놀라 자주 흔들릴 때도
햇살은 숲속 밑자락까지
따스한 기운을
불어 넣고 있듯이.

우리가 잎새를 닮았다면
어머닌 햇살 같은 기운으로
참고 기다리며
끝까지 믿어주는
이 지상의 위대한 이름,
어.머.니 십니다.

-「숲길 걸으며」

인간은 걷는 걸음에서 명상이 따라온다. 니체의 숲길도 그렇고 소로우의 명상의 숲길도 그렇다. 철학적인 사고는 지적인 사람이 얻을 수 있는 사념의 길이고 무작정 걷는 사람은 낯선 땅을 걷는 이방인의 모습일 것이다. 걷노라면 자연의 풍광과 스스로의 생각이 결합하여 또 다른 공간으로의 여정이 마련되는 점에서 걷는 일은 철학뿐만 아니라 생의 의미를 더욱 고급화할 수 있는 여지를 갖게 한다. 더구나 인간은 정지에서보다 이동으로의 동력動力을 가질 때, 명상의 여백은 더욱 넓어지고 내일로의 다리를 놓아 문화발전의 기틀을 낮게 된다. 〈숲길 걸으며〉는 김영교가 어머니의 길을 조성하는 이유를 선명하게 서술한다. 아름다운 풍광이 앞으로 다가오는 '숲속 밑자락까지/ 따스한 기운을/ 불어넣고'는 곧 어머니의 자애慈愛를 상징하고, 숲과 어머니의 포근함을 따스함으로 인식한다.

어머니는 어떤 경우에도 자식을 이해한다. 심지어 타인들이 버린 사람이라 할 지라도 어머니만은 끝까지 믿음의 신뢰를 보내는 바, 성 어거스틴은 타락한 탕아였지만 어머니의 간구 덕에 성자로 키웠듯이 어머니는 위대한 힘의 근원이 믿음에서 비롯된다. 때문에 김영교는 위대한 그 이름을 어머니로 표상하면서 간절함을 절규한다. "여자는 약하다, 그러나 어머니는 강하다."라고 V. M. 위고가 말한 것도 어머니는 가장 강하지만 한편으로는 약한 양면성을 가질 때 사랑의 에너지는 나온다.

정신의 고향이자 슬프거나 기쁨에 찾아가도 항상 같은 음성으로 위무慰撫하는 어머니는 이 점에서 인간이 갖는 위대한 바탕이 어머니로 비롯된다는 교훈 곧 모성에로 귀환하는 정감이라 할 것이다.

3. 에필로그 - 사랑의 둘레 길

노자老子의 철학은 길에 대한 설명이다. 실제의 길이 있고 또 추상적이고 철학적인 길이 연결된다. 월든 숲에서 글을 쓰고 명상을 한 소우로는 '어느 때이고 숲속에서 길을 잃는다는 것은 귀중한 경험이 동시에 놀랍고도 기억할 만한 것이다.'라는 말로 길의 방황을 기억했다. 다시 말해서 길을 떠나는 사람은 그 길의 시작과 끝을 기억하는 사고가 연결되어야 한다. 무작정 숲길을 가다 보면 방황의 비극을 맛볼 수도 있기 때문이다. 여기서 이정표의 안내는 곧 삶의 길을 안락하게 걸을 수 있는 여지를 갖는 셈이다. 더구나 어머니의 아픔과 신산辛酸한 삶에 애환의 땀이 절은 터전을 둘레 길로 걷는다는 것은 교훈 이전에 사랑과 아량 그리고 삶의 의미에 에너지를 공급받는 요인이 된다는 점에서 충만한 사랑의 길인 셈이다.

부모님 손길 닿던 삶의 터
부모님 공원 만들어 대대손손
정신적 유산으로 물려주고 싶다.
흙을 받아 동산을 만들고
부모님 고향 돌 실어와
나무와 잔디를 심으며 단장을 한다.
온 가족이 시를 쓰고 서각을 하여 마음 모은다.
어머니의 길 정성껏 만들고
자작나무와 단풍나무를 심고
돌다리 놓고 돌계단 하나하나 쌓는다.
개울 돌 1262지게를 져서 올리고
정성껏 땀 칠칠 돌탑을 쌓는다.
멋진 바위솔 동산을 꿈꾸고
자연의 이법 거역하지 아니하고
부모님이 소중히 가꾸어 오신
소중한 가족의 터 잘 가꾸어
후손들의 꿈의 요람 꿈꾸어 본다.

-「부모님 공원을 만들면서」

그 인연의 매듭과 순결한 영혼

- 김영교 시인의『못다 부른 사모곡』

엄 창 섭(가톨릭관동대 명예교수, 모던포엠 주간)

1. 삶의 잠언과 그 인연의 그물망

일반적으로 우리의 삶은 강물처럼 덧없이 흘려보내는 것이 아니라, 의미와 가치로 채워가는 것이기에 가끔은 잊혀진 대상에도 강한 집념으로 관심과 애정을 기울이지 않을 수 없다. 그렇다. 10여 년 남짓한 시간대를 고뇌와 망설임 끝에 삶을 달리한 모친에 대한 지극한 그리움을 떨치지 못하여 그 인연의 매듭과 순결한 영혼을 담아내어『못다 부른 사모곡思母曲』(홍익출판사, 2023)을 이같이 간행하는 저서의 평설評說에 앞서 불교의 동종선근설同種善根說은 우리 삶에서 최대의 만남이 '부모와 자식, 스승과 제자의 연緣임'을 밝혀주고 있다. 까닭에 김영교 시인이 저서의 간행에서 그만의 합리적 해법은 소중한 정신적 작위作爲와도 맞물려 있다. 또 한편 독실한 가톨릭 신자이며 존재감 빛나는 따뜻한 감성의 소유자로서 일관성을 지닌 그 자신(영세명 프란치스코)의 삶은 비록 삶을 마감하였지만, 모친인 임금진(林金鎭, 영세명 효주 아네스) 여사에 대한 각별한 사모의 정한은 눈물겹게도 "코람데오(Coram Deo)"라는 따뜻한 믿음에 연연連延하기에 새삼 유념할 정황이다.

무엇보다 지정학적으로 동해로 뻗어내린 대관령大關嶺의 낮은 산자락에 탯줄을 묻은 저자는 평자와 고등학교 동문이라는 각별한 학연도 또 그러할 것이나 사회적으로 한때나마 강원지역의 영동MBC 방송위원으로 활동하였고, 2018평창올림픽 유치를 위해 남아연방의 더반까지 동행한 관계이다. 또 한편 그간의 심리적 불안감에 10여 년 밤잠을 설친 뒤에 '이 지상의 위대한 이름!' 어머니를 위해 지극정성으로 묶어내는 저서의 편집구성은「제1부. 푸른 바람의 언어, 제2부. 최철순의 화백의 간회(민화 도록과 시), 제3부. 성당, 제4부. 어버이의 길, 제5부. 어머니의 길, 제6부 작품 및 저서 평설」의 골격양상은 결結 고운 식물로 직조된 '더불어 함께(inter-being)'라는 공동체 인식에서 비롯된 모자간의 정겹고도 각별한 언어의 그물망이라 더없이 유의미하다.

어디까지나 지대한 애정과 관심을 지닌 따뜻한 감성의 문인이면서도 불과 3, 4년 전에는 평창영월정선축협조합장이라는 직함에 보람을 절감하며 열중했던 소만笑滿 김영교 시인의 경우, '2018평창동계올림픽' 유치에 온몸을 던져가며 남아연방의 더반 그 현장에서 체험한 감동을 소중한 기록물로 정리하여 '사유의 인자因子'를 응축시켜『삶의 여정과 따뜻한 감성의 미학』(홍익출판사, 2011)을 집필하였음도 그렇지만, 이 같은 정황에서 평자가 선뜻 저서의 해설을 써주었지만 '예스, 평창!'이 개최 도시로 확정되던 그 날의 충격은 지금도 잊을 수 없다.

차제에 평자는 현재 주간을 담당한 월간 『모던포엠』지의 2011년 11월 「문화시론」에서 「영혼의 치유와 창조적 활력 - 김영교의 '삶의 여정과 따뜻한 감성의 미학'」으로 비중 있게 언급한 것도 우연은 아니지만, 한 인간의 삶은 거친 항해를 거쳐 본향으로 귀항을 서두르는 여정旅程이다. 그렇다. "허공 중에 환상은 오고 감이 없고, 거울 속의 꽃은 피고 짐이 없네. 산언덕에 올랐으면 뗏목이 필요 없거늘 그대는 어이하여 사공에게 길을 묻는가?"라는 물음처럼 이 같은 와중에서도 훅! 입김을 불면 불꽃이 타오를 참나무 숯불 같은 느낌의 마침표를 새삼 확증할 것이다.

까닭에 「스카이 데일리」지의 유성호 칼럼니스트가 2019년 1월 18일의 칼럼에서 '김영교 평창동계올림픽 역사박물관 관장은 근간에도 여전히 만나는 사람에 대한 기록인 「만인보萬人譜」와 어머니에 대한 사모곡인 「만일보」를 매일 약 20매 분량의 원고지로 기록하는 지극한 일념과 효성의 소유자임'을 일깨워주었다. 또 한편 지난 2017년, 대관령 생가터에 「어머니 공원」을 조성해서 본인도 준공식에 참석해 축사했지만, 사적으로 감사한 것은 평자의 대표 시편인 「어머니의 교훈」을 주목朱木에 목각처리하여 나무 비木碑로 그 현장에 세워준 사실이다.

이처럼 2010년 돌아가신 모친에 관한 지극한 효심으로 집 주위에 「어머니의 공원」, 「어머니의 길」을 조성했음도 놀랍지만 매일 새벽 일과의 시작을 모친의 묘소에 문안을 드린 뒤 시작을 하고, 1만일 동안 매일 '사모곡思母曲'을 정성 어린 필체로 써 모은 것을 이렇게 묶어 한 권의 비중 있는 저서로 출간하는 눈물겨운 정신작업은 비정한 시간대에 독자의 상처 깊은 영혼에 깊은 감동을 안겨준다. 또 한편 저서의 편집구성은 「1부. 지인들의 시(29편)편」에서 김영교 시인의 자서自序격인 〈부모님, 헌정공원 만들다〉를 포함하여 '湖水와 芭蕉의 시인' 김동명金東鳴의 대학 제자인 임인진 시인의 〈林金鎭 언니 영전에 올리는 글〉, 김수형의 〈아까운 분을 잃었습니다〉, 김주영의 〈웃음소리〉, 그리고 저자의 고등학교 선배인 엄기종 수필가의 〈모친 회상〉이 독자의 관심사로 모두의 시선을 끌기에 거부감이 없다.

특히 수상경력이 다채로운 한국화(민화 부분) 화가이며 현재 대관령 성당의 사목회장인 김영교 시인의 배우자로 같은 성당의 성모 회장을 담당하며 「제2부. 최철순 화백의 감회感懷」에서 그 또한 '밤하늘을 보며 별 헤이는 어머니이게 하소서.'를 못내 소망하며 "깊이 생각함에서 지혜를 찾고/ 겸손하고 신중하며 활기차고 생동감 넘치는/ 오월의 장미 닮은/ 어머니이게 하소서(나의 기도)"에서 확인되는 것은 아름납고 지혜로운 삶의 잠언箴言이다. 이 같은 맥락에서 그 자신이 사랑하는 아내를 산목련에 견주어 읊조린 "그대/ 깊이를 알 수 없는/ 넓이를 재어 볼 수 없는/ 천사스런 산목련/ 산중에 홀로 피어/언제나 말이 없다(천사스런 산목련)"처럼 삶의 일상에서도 그 동질화 현상은 확증되기에 따뜻한 감성의 일면은 지극하다.

2. 모자간의 일상화와 영성의 울림

모름지기 인식의 깨어남에 충실하여 감동의 마침표 하나도 놓치지 않는 관념의 일탈에서 "우리가 덧없이 흘려보낸 오늘은 앞서간 어제의 그들이 그렇게 소망하던 내일이었다."라는 소포클레스의 지적은 한층 더 엄숙하다. 따라서 "시는 체험이다."라는 마리아 릴케의 주장처럼 사유의 존재로 직립 보행을 하는 인간은, 생명 기표에 의한 영혼의 잔잔한 울림으로 시적 상상력을 작동시켜주는 그 자신과 같이 이데아의 본질을 내포한 시어의 한계성을 짐짓 고려할 때 서정적 미감은 응축되어 빛난다.

각론하고 언젠가 그 자신이 파안대소하며 "85세까지 할 일이 있다."라던 말의 의미는 「만일보」와 「만인보」에 연유한 탓이다. 무엇보다 그 자신의 해명은 기록과 보존에 대한 열정이 고스란히 느껴지는 탓임은 물론 그의 자택 지하에 장서 3000권 규모의 무인 도서관과 비닐하우스로 지은 카페도 그렇지만 지역의 주민이면 누구나 편하게 사용할 수 있기에 의미가 지대하다. 또 한편 누구보다도 천성적으로 효심孝心이 각별하여 눈물겨운 순결한 영혼의 존재자임은, 오랜 날 그와의 소중한 만남에서 민선 1기로 평창군수를 역임한 부친 김용욱님의 자서전 『푸른 바람과 동행』(홍익출판사, 2012) 출간 당시에도 평자에게 달려와 진정성 있게 도움을 요청해서 흔쾌하게 서평에도 임하여 주었다.

또 뒷날의 출판기념행사에 참석해 축사와 곁들여 저서출판에 관계된 일체의 일들을 상세하게 언급했던 기억은 10여 년 남짓 세월을 지나쳤지만 지금도 헤아려보면 가슴 뭉클한 감동이다. 차제에 따뜻한 감성의 소유자인 그 자신이 모친과 소중한 인연의 매듭을 '사친思親의 정情'으로 엮어내는 존엄한 생명 외경심에서 점차 교감의 폭과 언어의 그물망은, 모성에 관한 애정의 특이한 양상이기에 효박사이며 사)푸른 세상의 송병훈 이사장이 "시란 곧 효孝다. 삶의 행태가 효(Hyo)다."라는 지론과도 일맥상통하여 한층 더 의미심장한 편이다.

이 같은 정황은 '모친의 사별로 인한 칙칙한 어둠의 그늘 이후'에도 그 자신이 일관되게 추구하는 집념의 일탈은 '몸이 새처럼 가벼워지는 이치랄까?' 삶의 어둠無常으로 전의식前意識에서 어딘가로 떠밀리는 현상으로 혼돈과 미혹을 반복하는 내면 의식의 변주에 맞물린다. 모처럼 빛나는 시의 서정적 영토를 가꾸기 위하여 인고의 밤을 밝히는 김영교 시인은, 그만의 시 정신을 겨냥한 새로운 발견과 접근의 통로를 걸쳐 신선한 감각으로 사물을 형상화하는 기법을 유감없이 발휘하고 있다. 까닭에 「삶의 감사함과 모자母子간 그 일상화」에 의한 해법을 위한 하나의 방편으로, 디오티메가 「향연」에서 소크라테스에게 '육체의 아름다움에서 내적 아름다움의 반사상을 찾을 것을 권하는 행위'는 동일성을 지닌다.

특히 그 자신이 어머니 공원을 조성하는 의지를 담백한 시격을 밝혀낸 "아버님께서는 저희에게/ 늘 큰 산이셨습니다./ 언제나 용기를 주시던/ 늘 푸른 산이셨습니다/ 그림 맘속의 원천이 되어/ 작은 일상의 소중함과/ 낯익은 풀꽃과 친하며/ 어머니의 길을 만듭니다/ 흐뭇해하실 믿음으로/ 버린들 쌓아 올리며/ 흩어진 가족 사랑 부으며/어머니 공원 만듭니다(아버지의 표석)"의 보기도 놀랍거니와 "돌아가시면서까지/ 새끼들 보듬어 주시고/ 일일이 해결해 주시고/ 돌아가셔서까지/ 챙겨 주시고 보살펴 주시는/ 어머니// 새벽 두 시/ 어머니 산소 앞에/ 경건하게 합장하며 머리를 숙이는/ 둘째의 마음을 알고는 계시는지(어머니의 길)"를 통해 주어진 삶의 일상에서 선친에 대한 그 회감懷感은 까닭 없이 아득해 '못다 부른 사모곡'은 못내 비장감이 묻어난다.

또 한편 '이 지상에서 가장 위대하고 빛나는 이름'인 어머니母性에 관한 순수한 사랑을 소소한 삶의 일상에서 다소 부정적인 'nowhere'를 발상의 전환이랄까? '지금(now), 여기(here)'라는 고정인식의 틀 깨기의 관심사로 변형된 '천상을 향해 열려있는 동공瞳孔'은 상이하게도 지극히 개아적인 동일화 양상에서 묵언으로 관망할 바다. 그렇다. 시의 큰 틀 짜기와 맞물린 또 다른 그 자신의 시편 〈자작나무를 심으며〉의 보기나 또 "고운 은빛 자작나무를/ 한 그루 두 그루 심었더니/ 어느덧 숲을 이루어/ 서로를 격려하며/ 노래 부르네"의 시편인 〈자작나무 숲〉은 잠시 호흡을 가다듬고 묵언으로 응시하며 관망하지 않을 수 없다.

까닭에 현실적으로 여호와가 이 땅에 창조한 소중한 생명체는 '스웨덴의 가문비나무나 미국의 침엽수가 아니라, 바로 '서로에게 빛을 나눠주어야 하는 사람'이기에, 꿈을 상실한 소외된 타자에게 비교적 짧은 호흡으로 시상을 응축시켜 놓은 그 존재감은 깊은 절망의 투병에서도 시련을 극복하는 소망의 기도와 생명의 은총으로 읊어낸 눈부심이다. 따라서 진정한 그 자신의 지나온 삶에 있어 감회感懷의 서술이라면 프란시스코 교황의 "살아있는 자만이 춤출 수 있다."라는 일깨움에 맞물린 시적 상상력의 확장과도 결단코 별개일 수 없다.

무엇보다 따뜻한 영성과 엄숙한 생명감을 그 자신의 시편에 견주어 심층적으로 분할 · 통합하는 과정에서 천상의 층계 오르는 확고한 신앙심과 순수서정성의 동일화 현상은 차별성을 지니기에 이채롭다. 한편 '추석날 속절없이 내리는 비, 어머니의 눈물인지 이 아들의 눈물인지'와 연계 층위를 이룬 "제게도 어머닌 세상에서 가장/ 다정한 분이십니다./ 아파 누워 계시는 동안/ 늘 웃어주시던 어머니/ 어느 날 밤 많이 아프시다 말씀하시곤/ 저세상으로 가셨지요(어머니의 송편)"의 보기나 "봄바람에 섞여/ 온 들판을 수 놓으니// 땅하고 가장 가까운 자만이/ 볼 수 있는// 낮은 자만이/ 만질 수 있는// 어릴적/ 옆집 순이 닮은꽃// 순박한 민초// 엄마꽃/ 꽃다지(꽃다지)"를 통해 지워지지 않는 문신文身처럼 또 그렇게 기억 속에 너무 또렷하다.

일단 소소한 삶의 일상에서도 오랜 투병 생활로 진통을 겪는 모친에 대한 지극함을 푸른 식물성 언어로 생명의 충만감에 견주어 무엇보다 그 자신에게 있어 미와 선의 추구를 위해 허비한 그 시간의 실상은, 아름다움과 진정한 행복의 가치를 확장하기 위한 투자의 시간대이다. 마치 그것은 두 개의 미적분 포물선이 교차하는 공집합 속에서 파악되는 모성회귀母性回歸로 풀이된다. 까닭에 잠시 호흡을 멈추고 지순한 모성의 위대한 사랑과 지극한 희생에 빠져들면 온갖 비열한 이기주의에 끌려 영악한 삶의 일상에서 감사하게도 그 자신은 문화에 증오와 저주의 심성心性이 생명 세포를 죽이는 현상을 분별하고 있기에 용서와 화합을 통한 그 자신의 기대와 소망은 어디까지나 화합의 맞물림으로 그 궤를 함께하는 점이다.

일반적으로 창조적 행위의 등가물로 제시된 꽃과 별, 그리고 열매는 자연 본래의 의미이며 질감이다. 지상의 꽃은 울음을 동반하고 승화하여 천상의 별이 된다. 또 한편 그 자신의 대다수 시편 또한 자연 친화적인 바탕 위에 뿌리를 내리고 있으며 지극히 천상의 영성과도 접맥된다. 바로 그것은 삶에 대한 진지하고 절박한 소망으로 한순간의 끝남이 아닌 생리적인 잇닿음이며 지난至難한 몸부림의 일면이다.

3. 맑은 영혼의 울림과 천상의 층계 오르기

여기서 '작가와 작품은 별개라'는 구조주의의 이론을 도입하지 않더라도 심리학에서 '감사(gratitude)'도 능력의 개인차와 결부되고 있지만 점차로 효孝 문화가 한층 퇴색되는 암울한 현존성에서 부모에 대한 무관심과 학대虐待는 어떠한 경우에서도 결단코 천박淺薄의 대상일 수는 없다. 비록 고대 로마 사회에서도 노인을 데폰타니(Depontani)라 지칭했는데 '다리에서 떠민다.'라는 의미로 부양에 지친 끝에 자신의 부모를 다리에서 떠밀어 익사시켰던 폐습과 연관성이 깊다. 까닭에 시적 상상의 자유로운 교감을 거쳐 빚어낸 김영교 시인의 시편은 끝내 안식할 처소가 없어 방황하는 상처 입은 영혼에 '존재의 뿌리'인 가정에서 신선한 감동을 안겨준다.

특히 독실한 가톨릭 신자인 그 자신이 일관성을 유지하고 심도 있게 서술하였듯이 호흡하는 삶의 공간에서 절대자에게 드리는 '온전한 기도와 느낌, 공감'은 응당 가톨릭 신자로서 마땅히 감당할 믿음과 확신의 표징으로 공의를 밝히는 불燈이며, 푸른 생명의 기표이다. 무엇보다 자명한 것은 "급히 문을 열고 다가가니/ 속절없이 눈만 쌓일 뿐/ 어머니, 어머니는 안 계십니다/ 봄날 꽃물 같으셨던 어머니(새해 아침)"에서 새삼 확증되는 일면은 그렇거니와 "내 몸이 물에 떠내려가는 것보다/ 점심 기다리는 일꾼들 생각에/ 겨우 버드나무 가지 잡고 기어올라/ 함지박 찾아 이고 화전 밭으로 향했지(어머니의 푸념 한 자락)"를 통해 유추類推되듯 평생을 남편과 자녀의 섬김과 헌신적인 보살핌은 또 이렇게 눈물겹다.

그렇다. 빈자貧者의 성녀인 마더 테레사(Mother Teresa of Calcutta)나 오늘도 지구촌의 고통받는 이웃을 위해 두 팔이 없는 장애인이면서 가스펠 송을 부르는 스웨덴의 레나 마리아(Lena Maria)처럼 소외된 이웃을 섬기고 베풀며 암 투병 중에도 육체적 고통이나 신음을 전혀 내뱉지 않고 밝은 미소로 일관했던 모친에 대한 감회는 그리움에 아득한 담채색淡彩色의 정신풍경화로 확대되고 와락 억장이 내려앉기에 '다 부르지 못한 사모곡의 아쉬움'엔 오늘도 비장감이 이토록 묻어나는 것이다.

또 한편 지난 2021년 7월에 「연합통신」의 보도처럼 탯줄을 묻은 지역에 남다른 애정을 지녔기에 2024 강원동계청소년올림픽 성공적인 개최를 기원하며 전국 도보 일주에 나섰던 저자가 100일간의 대장정을 끝냈다. 지난해 4월 1일 영월 김삿갓 묘를 출발해 동해와 남해, 서해를 거쳐 하루 40km씩 100일간 전국 4천km를 도보로 일주하고 평창군청을 걸쳐 9일 최종 목적지인 대관령 횡계 로터리에 도착하였다. 여정의 마지막 날에는 대관령면장을 비롯한 사회단체장과 주민 등 50여 명이 김영교 관장의 완주를 환영하며 평창동계올림픽기념관부터 횡계 로터리까지 약 1km를 함께했다는 것은 고향과 모성에 관한 그 자신의 지극한 정성의 현재성에 해당한다.

어디까지나 '최소한 비공인 된 입법자'라면 '생선 묶은 새끼 줄에서 비린내가 나고 향을 싼 종이에서 향 묻은 냄새가 나듯이' 이처럼 그 자신은 순전한 믿음을 올곧게 떠받드는 신앙인으로의 역할을 충직하게 담당하고 있다. 그와 같이 "하나님 앞에서 그리스도의 향기임(고후 2:15)"을 수락하고 삶의 현장에서 맑은 영혼을 다독이되 모성의 지극함을 진지하게 풀어낸 결과이다. 이처럼 지나친 수사적 기교와 언희言戱를 배제한 지극선至極善과 극명한 영성은 한층 빛나는 존재감은 신의 은총마저도 합리적 해법으로 감사함을 신선한 충동으로 안겨주는 편이다.

결론적으로 지상에 갈 앉은 나직한 음조로 항상 자애로운 모친의 품성을 "꽃잎 같은 눈물 이젠 거두시고/ 거시는 걸음마다에/ 환한 빛 빛나게 하시어/ 우리 함께 했던 시간 속을/ 비추게 하소서(그 길 위에 서시면 - 어머님 전상서)"로 밤하늘의 성좌로 그 이미지를 형상화한 그 자신의 담백한 시격은 더없이 존재감이 빛난다. 모쪼록 순결한 믿음의 소유자인 김영교 시인이 천상의 층계를 오르는 모친에 대한 인간적인 속성에서 비록 사랑과 그리움을 털어버리지 못할지라도 평자의 각별한 기대감이라면, 신비로운 영성의 확증이다. 차제에 사모곡을 기본 음조로 목놓아 부르며 저서 출간으로 주어지는 수익금 일체를 몸담은 '대관령성당의 건축기금으로 봉헌하겠다.'라는 저자의 '작은 신의 대행자로서의 그 소임'은 엄숙하고 더없이 엄격하다.

김선경
할아버지
평생훈장

김용욱
초교교사
평창축협장
평창군 민선1기군수

임금진

김인교
삼성전자명인
공군대위
델.씨스코지사장
강원테크노파크 원장
강릉원주대 교수

김영애

김영교
평창영월정선축협장(8년7개월)
대한스키협회 심판위원장
대관령스키역사관장
올림픽기념관건립추진위원장
대관령두메길(사) 회장
대관령성당사목회장
이육사문학상 수상
제4회 강원한국수필문학상 수상
시집: 『대관령연가』, 『아 목동아』 등 다수 출판

최철순
대관령면 부녀회장
대관령성당 성모회장

김혜영
서울여대, 영어교사

김순성
공주사대, 과학교사

인쇄 2023년 4월 20일
발행 2023년 5월 8일

글쓴이 김 영 교 외
그 림 최 철 순
사 진 이 종 호
캘리그라피 박 필 우

펴낸이 김 언 경
펴낸곳 홍익출판사

주소 / 대구시 중구 명륜로23길 38-4
전화 / 053)421-6700, 427-3627
팩스 / 053)423-5965
등록번호 / 1987년 11월 26일 제1-107호
E-mail / hongick88@hanmail.net

정가 20,000원

ISBN 978-89-7826-311-5 03810

❖ 이 책의 판매대금전액은 대관령성당 건립기금으로 사용됩니다. ❖